"悦"读数学

——小学数学"悦"读课程的开发与实践

王 娟 著

苏州大学出版社

图书在版编目(CIP)数据

"悦"读数学：小学数学"悦"读课程的开发与实践 / 王娟著. -- 苏州：苏州大学出版社，2024.3
ISBN 978-7-5672-4763-5

Ⅰ.①悦… Ⅱ.①王… Ⅲ.①小学数学课—教学研究 Ⅳ.①G623.502

中国国家版本馆CIP数据核字(2024)第066948号

"悦"读数学
——小学数学"悦"读课程的开发与实践
王　娟　著
责任编辑　金莉莉
助理编辑　王　叶

苏州大学出版社出版发行
(地址：苏州市十梓街1号　邮编：215006)
广东虎彩云印刷有限公司印装
(地址：东莞市虎门镇黄村社区厚虎路20号C幢一楼　邮编：523898)

开本 700 mm×1 000 mm　1/16　印张 11　字数 203 千
2024年3月第1版　2024年3月第1次印刷
ISBN 978-7-5672-4763-5　定价：48.00元

图书若有印装错误，本社负责调换
苏州大学出版社营销部　电话：0512-67481020
苏州大学出版社网址　http://www.sudapress.com
苏州大学出版社邮箱　sdcbs@suda.edu.cn

序 Preface

书读百遍，其义自见。我们大多会认为这句话说的是学习语文的好方法。其实，阅读能力是学生学习的一般能力，在某种意义上，学习始于阅读，数学学科也是如此。数学阅读是数学、科学、人文艺术等的整合阅读，包括一切蕴含数学知识、方法、思想和精神的文字、符号、图画、表格等，可以从中汲取智慧、启迪思考、陶冶情操、培塑人格。

王娟老师立足于学科育人创新实践，从六个维度的数学阅读能力培养来提升学生的学习力。她以现行苏教版小学数学教材为基础，在国家课程校本化实施过程中，从课堂走向课外，努力开发适合小学生的数学拓展课程。王娟老师将"数学阅读"进阶为"数学'悦'读"，更加突出学生阅读的积极性与主动性，注重学生经历过程并体验成功的愉悦感。数学"悦"读是学生自主地收集、整理、分享数学素材，带着愉悦的心情开展数学材料阅读的活动。这一过程，王娟老师用了将近 20 年的时间，我有幸参与和见证了这一过程中的很多重要事项。

2005 年到 2015 年为萌芽阶段，王娟老师从指导学生阅读《小学生数学报》开始积累经验，和家长分享《坚持数学阅读 助力思维发展》，还对昆山 9 所学校学生的数学阅读现状进行问卷调查。

2016 年到 2018 年为发展阶段，她创办了微信订阅号"数学悦读"，从两个班试点到三至六年级全面推开，之后数学"悦"读代表昆山参加苏州市小学数学创意课程展示，还在苏州市教材基地学校联盟活动中展示。王娟老师通过这十多年"草根式"的研究，积累了丰富的实践经验，也初步形成了数学"悦"读课程体系。

2019 年开启课题研究阶段，江苏省中小学教学研究第十三期立项课题"学科核心素养观下小学数学悦读课程的开发与实践研究"于 2022 年底顺利结题。截至目前，微信订阅号"数学悦读"已累计发布 1200 多期，省内外几十万小读者受益，《数学"悦"读（学生读本）》已结集出版，还形成了融合"素材整理阅读、数学探究体验、数学表达分享"三位一体的数学学习新范式。

王娟老师的课堂彰显了她的教学主张，即"悦读·生长：指向学生自主学习力"。课题研究取得了一定的实践性成果，也获得了良好的社会影响。

数学"悦"读能推进大单元教学的开展。学生可以通过单元学习单整体阅读，发现自己感兴趣的问题并进行研究，找出疑惑之处尝试解决；通过每周一期的"数学悦读"细致品读，可以听语音、看视频、动手做、来挑战；通过单元评价单阅读回顾，用自己喜欢的方式完成思维导图，记录单元学习过程与收获，自主进行数学阅读能力的评价等。

数学"悦"读利于实施跨学科主题学习。学生感兴趣的问题、疑惑之处，往往是较为复杂的真问题，需要学生联系真实的生活情境，进行搜集和整理信息、分析信息、梳理和表达观点或想法等活动，把学习和理解数学知识与解决问题有机融合于主题活动中，综合运用数学学科和其他学科的知识与方法解决问题。

数学"悦"读能培养学生的自主学习力。学生全过程参与三至六年级每周一期的微信订阅号"数学悦读"的编写、制作与发布。"数学知多少"的阅读材料是学生搜集整理并录制的，"新课加油站"的问题是学生发现并提出的，"动手做数学"和"思维大挑战"是学生原创、改编或推荐的，二次阅读的分享内容是从学生作品中挑选出来的。这个过程中，学生作为学习的主体，有自发的学习驱动力，有坚强的学习意志力，通过独立地分析、探索、实践、质疑、创造等，来实现学习目标。

数学"悦"读能落实"三会"培养目标，它贯穿学生数学学习的全过程。课前泛读内容，有学生自主推荐的数学读物，也有基于单元学习主题的资料，让学生用数学的眼光观察现实世界。课上品读内容，有搜集整理形成的数学知识，有源于生活经验的数学素材，有自主探究过程的数学记录，还有回顾梳理知识的思维导图，让学生用数学的思维思考现实世界。课后续读内容，主要有主题式延伸悦读材料，侧重于学生利用课堂学习积累的学习方法和活动经验，展开新的阅读研究，让学生用数学的语言表达现实世界。

我见证了王娟老师和她的团队一步一个脚印的研究过程，见证了数学"悦"读促进学生数学核心素养提升的过程，见证了教师专业发展和学校数学教育发展的过程。这本书，是王娟老师近 20 年来对数学"悦"读教育理想追求的一个完整记录，一次精彩见证。

我祝贺这本书的出版。

江苏省特级教师、正高级教师

顾建芳

2023 年 8 月 22 日

目录 Contents

第一章 小学数学"悦"读课程的背景及实践 ……………… 001
 第一节 数学日常教学中的困惑与找寻 ……………… 003
 第二节 学生数学阅读现状调查及思考 ……………… 004
 第三节 数学阅读的研究现状及可行性 ……………… 016
 第四节 小学数学"悦"读课程的实践研究 ……………… 018

第二章 小学数学"悦"读课程的目标确定 ……………… 025
 第一节 数学"悦"读的概念界定 ……………… 027
 第二节 数学"悦"读的课程目标 ……………… 029
 第三节 数学"悦"读的研究价值 ……………… 032

第三章 小学数学"悦"读课程的内容建构 ……………… 035
 第一节 数学"悦"读课程内容的选择原则 ……………… 037
 第二节 数学"悦"读课程内容的结构体系 ……………… 038

第四章 小学数学"悦"读课程的实施路径 ……………… 061
 第一节 数学"悦"读课程内容落实 ……………… 063
 第二节 数学"悦"读课程实践范式 ……………… 082
 第三节 数学"悦"读课程实施的思考 ……………… 110

第五章　小学数学"悦"读课程的评价反馈 ………………… 121
  第一节　教师教学评价 ……………………………………… 123
  第二节　课程质量评价 ……………………………………… 125
  第三节　学生学习评价 ……………………………………… 144

附录　小学数学"悦"读课程主要活动回顾 ………………… 153
主要参考文献 …………………………………………………… 168
后记 ……………………………………………………………… 169

第一章
小学数学"悦"读课程的背景及实践

1. 数学"悦"读缘起哪里?
2. 数学"悦"读从何而来?
3. 数学"悦"读做些什么?

　　三尺讲台,每天和一群活泼的学生一起在数学的世界里徜徉,乐此不疲也问题不断。找寻一个载体、一种途径,让课堂内外相连,让每个学生主动参与,让同龄学生同伴互助,让每个不同的学生在数学上获得不同的发展,让学生亲近数学、喜欢数学……

　　数学"悦"读应运而生,从3个人6个班到一群人多个实践基地,从草根摸索到课题研究,一个个小读者家庭加入,一批批小读者获益。

第一节　数学日常教学中的困惑与找寻

2009年至2023年14年间,我任教小学毕业班共9年。六年级学生最后的学业水平测试是一次合格性考试,我所在的实验小学,数学学科各个平行班的优秀率都在90%左右。

2014年那一届毕业生中,有一个学生在总复习"量的计量"练习时,填写:一只小白兔重2(吨)。就是这样一个孩子,通过计算、解决实际问题等基本题型的反复练习和辅导,毕业测试成绩为B。她升入学区内中学后,七年级第一学期期末考试数学仅有39分(满分130分)。

我感受到了很强的挫败感,对于这样一个数学学习有困难的孩子,虽然我给了她很多作业上的帮助,但是她显然缺乏学习数学的兴趣,这说明反复练习并不能培养学生的学习能力。如果我们给予这部分孩子较多的关注,对中等生和学有余力的孩子的关注就会相应减少,导致他们复习阶段很多时候都在"陪读"。

再看看日常数学教学:

不少学生就是上课听讲、完成作业、参加考试,这样的循环,让学生不仅对数学学习没有兴趣,甚至有点"怕数学"。很少有学生会有自己想去研究的问题,或者有了问题也无从下手展开研究。有些学生对课堂上老师的提问,能很快举手回答,并正确说出答案,却不能有条有理地说出思考过程;完成书面作业的时候,粗略一看,提笔就写,结果错误百出。有的学生遇到稍有难度的数学问题,不愿仔细读题、静心思考,急于向他人求助或上网查找答案。很多学生对自己学习的情况,是模糊不清的,也不会查漏补缺,复习的时候只能"刷刷题"……

学生个案和群体中出现的现象引发了我的思考:怎样的数学学习方式,能让不同的学生获得不同的发展,能更好地培养学生的自主学习力,更好地提升学生的学科核心素养?

面对数学教学中的这些问题,我开始阅读,努力从书本中找到解决问题的途径和方法。

苏霍姆林斯基的《给教师的建议》一书中《怎样靠阅读扩充知识》一文,很生动地向我们论述了阅读的重要性——"如果学生一步也不越出教科书的框框,那就无从说起他对知识有稳定的兴趣";告诉我们激发学生阅读兴趣的方法——"在讲解大纲规定的新教材时,就应当用大纲以外的知识的火花来照亮某些问题";等等。可见,在学生的数学学习中,要通过阅读培养学生稳定的兴趣,激发学生探索的热情。

《PISA 测评的理论和实践》一书介绍了国际学生评价项目（Programme for International Student Assessment，简称 PISA），测评聚焦阅读、数学和科学等关键领域的素养。其中，PISA 的试题以单元形式出现，文字阅读量比较大，理解题意需要独立的阅读能力。这给我们带来了重要的启示：阅读能力是学生学习的一般能力，在某种意义上，学习始于阅读，数学学科也是如此。这就需要我们在平时的数学教学中，重视教学中的阅读环节，关注学生对数学文本的阅读，注重学生对数学问题的阅读理解，加强学法的指导，形成相应的教学策略。

《叶圣陶教育文集》中，叶老先生说："教任何功课，最终目的都在于达到不需要教。假如学生进入这一境界，能够自己去探索，自己去辨析，自己去历练，从而获得正确的知识和熟练的能力，岂不是就不需要教了吗？"《义务教育数学课程标准（2022版）》指出："学生的学习应是一个主动的过程，认真听讲、独立思考、动手实践、自主探索、合作交流等是学习数学的重要方式。"两者都提出了要学生自主学习和实践，而自主学习能力的提高，需要学生阅读能力的支撑。

我们找寻到了改变的途径——数学阅读！

第二节 学生数学阅读现状调查及思考

2015 年 12 月，我们对昆山 4 所城区学校、5 所乡镇学校的三至六年级学生就数学阅读现状进行了一次问卷调查。采用自编问卷，问卷共 9 题，共回收有效问卷 631 份。

部分统计数据见表 1-1、表 1-2。

表 1-1 学生数学课外书数量的统计

选项	人数	百分比
A 没有	141	22.3%
B 1 种	194	30.7%
C 2—5 种	207	32.8%
D 5 种以上	89	14.1%

表1-2　学生一周数学阅读时间的统计

选项	人数	百分比
A　不阅读	73	11.6%
B　30分钟以内	233	36.9%
C　30—60分钟	213	33.8%
D　1小时以上	112	17.7%

我们发现：学生数学课外书的种类少，超过50%的学生没有或只有1种数学课外书；学生进行数学阅读的时间少，82.3%的学生每周阅读时间在1小时以内，其中11.6%的学生是不进行数学阅读的。

从表1-3及表1-4中，我们发现：遇到难题，有一半的学生会请家长帮助，自己想办法解决的只有十分之一左右；学生梳理巩固数学知识的方式中，做老师布置的作业、做辅导练习、整理错题三种方式均达到了50%以上，其他方式非常少。

表1-3　学生遇到难题解决方式的统计

选项	人数	百分比
A　空着	23	3.6%
B　自己想办法解决	72	11.4%
C　请家长帮助	317	50.2%
D　上网查找答案	219	34.7%

表1-4　学生梳理巩固所学数学知识方式（多选）的统计

选项	人数	百分比
A　做老师布置的作业	345	54.7%
B　做辅导练习	354	56.1%
C　整理错题	323	51.2%
D　其他（　　）	44	7.0%

从表1-5中，我们发现：对于数学阅读的形式，学生比较喜欢传统的文字形式和现代的视频形式，均超过了三分之一。

表 1-5　学生喜欢的数学阅读形式的统计

选项	人数	百分比
A　文字	224	35.5%
B　图片	141	22.3%
C　语音	31	4.9%
D　视频	235	37.2%

对问卷结果分析后我们得到：学生的数学阅读严重缺失，需要我们开发和建构数学阅读课程；学生的学习能力不足、学习方式单一，需要我们创造性地实施数学阅读课程，使之成为学生数学学习的新范式。

在问卷调查之后，我们以一篇数学科普文章及自编的测查题为内容，对三个年级的学生分别进行了两次测查。通过数据整理与分析，以数学阅读的三个水平为视角，阐释小学四至六年级学生现有的数学阅读水平情况，并据此得到一些启示。

一、测查

（一）对象

某小学四、五、六年级各一个班级（四年级 57 人，五年级 56 人，六年级 54 人）。

（二）时间

2016 年 6 月 15 日、6 月 22 日（两次测查间隔一周的时间）。

（三）内容

根据文章《乘数 101 的奥秘》自编的问卷。

文章选自《小学生数学报》，是一位六年级学生所写。这篇文章里，有知识：101 乘两位数就等于那个两位数写两遍，积一定是一个四位数；有方法：举例子的方法、列竖式的方法、用乘法分配律的方法；还有启迪思考：101 乘三位数是不是就等于这个三位数重复写两遍后变成六位数呢？

材料 1

计算下面各题。

18×101　　　101×63　　　352×1001　　　1001×794

材料2

乘数 101 的奥秘

我开始读这篇文章了,现在的时间是( )时( )分( )秒。

《小学生数学报》上曾刊登过数学家陈省身爷爷送给小朋友的一句话"数学好玩,玩好数学"。相信很多同学有这样的疑问:数学怎么"玩"啊?其实,在我们日常的数学课堂上就有很多值得"玩一玩"的数学知识!

比如这样一道乘法计算题:$101\times56=?$ 很多同学第一想法是列竖式计算,如果仔细观察一下乘数,我们发现 101 比 100 多 1,可以利用乘法分配律来计算:$101\times56=(100+1)\times56=100\times56+1\times56=5656$。如果你再耐心地"把玩"一下这道题,你会发现一个奇怪的现象——积只是把乘数"56"重复了一次。这是一个偶然现象吗?101 乘其他的两位数也是这样吗?

让我们再举些例子看看吧!$101\times28=2828$,$101\times79=7979$……举了很多例子都是如此,101 乘两位数就等于那个两位数写两遍,积一定是一个四位数。

为什么 101 乘两位数的积有这样的规律呢?我以 101 乘 78 为例,用竖式来说明。

$$\begin{array}{r} 1\ 0\ 1 \\ \times\ \ \ \ 7\ 8 \\ \hline 8\ 0\ 8 \\ 7\ 0\ 7\ \ \ \\ \hline 7\ 8\ 7\ 8 \end{array}$$

乘数中间有 0,而 0 乘任何数都等于 0,所以从积的最高位开始,第二位一定是两位数的个位,第三位一定是两位数的十位,这样积就出现了两位数重复一次的现象。

还可以用乘法分配律来说明:101 乘两位数 $\overline{ab}$,可以看成 100 个 $\overline{ab}$ 加 1 个 $\overline{ab}$,所以积的后两位一定与前两位相同。

那么 101 乘三位数是不是就等于这个三位数重复写两遍后变成六位数呢?乘数 101 的奥秘等待你继续去发现。

你看,这是不是越"玩"越有趣,越"玩"越开心呢!希望同学们都能和我一样体验到"玩"数学的乐趣!

我已经读完这篇文章了,现在的时间是( )时( )分( )秒。

材料3

我觉得这篇文章的主要内容是：_____

_____

我写完文章的主要内容了，现在的时间是（　　）时（　　）分（　　）秒。

材料4

(1) 这篇文章，你喜欢读吗？（　　）
A. 非常喜欢　　　B. 比较喜欢　　　C. 一般
D. 不太喜欢　　　E. 很不喜欢

(2) 文章中提到的数学家爷爷是谁？_____
他送给小朋友的一句话是：_____

(3) 101乘一个两位数的积有什么规律？

_____

(4) 文章中，小作者是怎样来说明这个规律的？（101乘两位数的积）

_____

(5) 101乘一个三位数的积有怎样的规律？
（请你先试着概括出规律，再想办法说明是怎么得到这个规律的?）

_____

_____

材料5

亲爱的同学，读完《乘数101的奥秘》有一周的时间了，请你试着完成下面的问题。

1. 你还记得这篇文章的主要内容是什么吗？

_____

_____

2. 计算下面各题。

54×101　　　　　　　101×96　　　　　　　202×13
76×82＋76×19　　　312×101

3. 下面的两组算式，你先算一算，再想一想其中的规律。

418×1001＝
536×1001＝
237×1001＝
……

我发现：_____

418×11＝
536×11＝
237×11＝
……

我发现：_____

（四）流程

1. 前测（材料1）

共四道计算题，其中两题是两位数乘101，还有两题是三位数乘1001。

2. 第一次测查

同时下发材料2和3，学生先独立阅读文章并记录阅读时间（材料2），再写出文章的主要内容并记录时间（材料3）。

收齐材料2和3，同时下发材料4，主要包括：① 文章内容是否感兴趣；② 能否概括文章主要内容；③ 能否复述知识结论；④ 能否找出探究方法；⑤ 能否应用探究方法。

3. 第二次测查（一周后）

下发材料5，主要包括：① 文章的主要内容；② 运用知识结论解决问题；③ 运用方法探究新的规律。

二、阅读水平分析

（一）概述水平

关于学生对于文章主要内容的概括，我们进行了两次测查（材料3和5）。

主要内容从"文章主题"、"知识结论"和"探究方法"三个方面来概括（表1-6），第一次测查（材料3）主要考查学生即时性阅读的概述能力，第二次测查（材料5）主要考查学生理解性记忆后的概述能力。

表1-6 学生概述水平的统计

类别	第一次测查（材料3）						第二次测查（材料5）					
	四年级		五年级		六年级		四年级		五年级		六年级	
	人数	占比	人数	占比	人数	占比	人数	占比	人数	占比	人数	占比
水平0：没有写出来	4	7.0%	3	5.4%	0	0%	13	22.8%	8	14.3%	1	1.9%
水平1：一个主要内容	9	15.8%	10	17.9%	10	18.5%	23	40.4%	17	30.4%	13	24.1%
水平2：两个主要内容	37	64.9%	33	58.9%	16	29.6%	19	33.3%	25	44.6%	25	46.3%
水平3：三个主要内容	7	12.3%	10	17.9%	28	51.9%	2	3.5%	6	10.7%	15	27.8%

第一次测查中，各年级学生达到水平 2 和水平 3 的人数非常接近，均超过了 75%，文章主要内容的概述水平相当。其中，六年级学生达到水平 3 的超过一半，六年级学生内容概述的全面性明显高于其他两个年级；水平 0 和水平 1 的学生，各个年级人数相差不大，学习困难学生的概述水平随着年级的升高几乎没有提升。

第二次测查中，达到水平 2 和水平 3 的学生，各年级人数呈阶梯式下降。四年级下降最多，减少的人数占总人数的 40.4%；五年级其次，减少的人数占总人数的 21.4%；六年级最少，减少的人数占总人数的 7.4%。六年级学生的理解性记忆能力比较强，阅读一周以后的概述水平还是比较高的。

学生的概述水平和阅读兴趣、阅读时间存在怎样的关系？

第一次测查结果显示：对这篇文章"非常喜欢"和"比较喜欢"的学生，四年级有 66.7%，五年级有 91.1%，六年级高达 98.2%。从中年级到高年级，随着数学知识的增加和学习经验的积累，学生对数学阅读的兴趣有了非常大的提高。

第一次测查中，四、五、六年级学生阅读这篇文章的平均用时分别为 2.8 分钟、2.8 分钟和 2.6 分钟，用时很接近。四、五、六年级学生概括内容的平均用时分别为 7.1 分钟、4.3 分钟和 4.9 分钟。四年级学生比较多的是"囫囵吞枣式"，读得快、概括慢、困难大；五年级比六年级学生概括内容用时略短，结合概述水平"达到水平 3"的情况看，可知除去书写多用的时间，六年级学生主要在思考的全面性上花了时间。

三个年级的学生平均每分钟阅读约 203 字。《义务教育语文课程标准（2022 年版）》指出：默读有一定的速度，五、六年级学生默读一般读物每分钟不少于 300 字。通过对个别学生的访谈，发现：在数学阅读的过程中，学生需要观察、操作、推理、检验等，以帮助理解文章内容，因此阅读速度慢一些。

我们发现，学生的阅读兴趣非常重要，它影响着阅读过程中的思考能力，影响着阅读的概述水平，进而影响着阅读的质量。

（二）理解水平

关于学生对文章内容"101 乘两位数"计算方法的理解，我们进行了两次测查。前测（材料 1）主要测试学生已有的知识基础；第二次测查（材料 5）主要测查阅读一周后学生对知识的掌握情况（重点统计了前两小题）。

材料1 计算下面各题。
18×101　　　101×63　　　352×1001　　　1001×794

材料5 2.计算下面各题。
54×101　　　101×96　　　202×13　　　76×82+76×19　　　312×101

学生理解水平层次划分如下：水平0（计算错误），水平1（全部用竖式计算或用乘法分配律计算），水平2（先用竖式或乘法分配律计算、发现规律后直接写出得数），水平3（发现规律直接写出得数）。其中，达到水平2的学生，已经具备了独立探究这个规律的能力，理解水平非常接近水平3。

学生理解水平两次测查统计情况如图1-1所示。

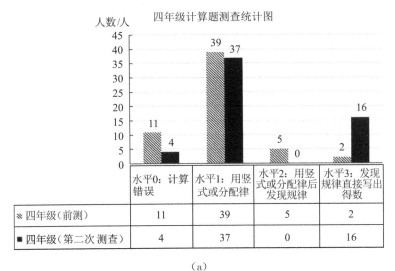

四年级计算题测查统计图

	水平0:计算错误	水平1:用竖式或分配律	水平2:用竖式或分配律后发现规律	水平3:发现规律直接写出得数
四年级（前测）	11	39	5	2
四年级（第二次测查）	4	37	0	16

(a)

五年级计算题测查统计图

	水平0:计算错误	水平1:用竖式或分配律	水平2:用竖式或分配律后发现规律	水平3:发现规律直接写出得数
五年级（前测）	8	23	13	12
五年级（第二次测查）	0	10	0	46

(b)

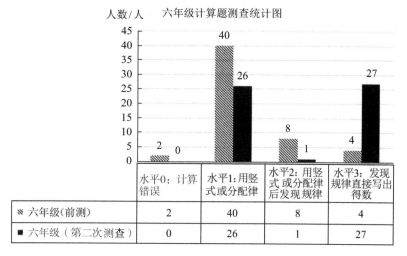

(c)

图 1-1

我们发现：前测（材料1）中，四、五、六年级学生达到水平2和水平3的分别占各班总人数的12.3%、44.6%和22.2%。第二次测查（材料5）中，三个年级达到水平2和水平3的学生和前测相比，分别增长了128.6%、84%和133.3%，可以看出，学生理解水平的提升是非常显著的。

第二次测查中，我们逐一统计了各个年级前测（材料1）中达到水平2的学生，发现这26名学生无一例外均达到了水平3，数学阅读助推学生理解水平的提高效果明显。从水平1提升到水平3的学生中，四、五、六年级人数分别占各班总人数的15.8%、37.5%和29.6%，数学阅读对这部分学生理解水平的推动是最大的。从前测到第二次测查，四年级水平0的学生降低了63.6%，五、六年级降为0，可以看出数学阅读对这部分学习相对困难的学生也是有帮助的。

统计发现：五年级学生计算题的完成质量远高于六年级学生，特别是第二次测查达到水平3的占82.1%。这是什么原因呢？我们对任课老师和部分学生进行访谈后发现：这和苏教版小学数学五年级下册的教学内容有关，本册书中教学的计算内容是异分母分数加减法，还没有将乘法分配律应用到分数计算中，学生未产生负迁移。而六年级学生在总复习阶段巩固了乘法分配律在整数、小数、分数中的应用，强化了解题过程的表达，造成了一定的思维定式，部分学生即使知道规律也未能直接写出得数。

从前测到第二次测查，中间有第一次测查（材料4），各个年级学生的反馈中，是不是还是五年级学生最佳？

> **材料4** （3）101乘一个两位数的积有什么规律？

101乘两位数的积的规律，包含两个要点：① 积一定是一个四位数；② 结果是这个两位数写两遍。学生理解水平层次划分如下：水平0（错误）、水平1（写出要点"四位数"）、水平2（写出要点"两位数写两遍"）、水平3（两个要点写完整）。

我们发现：达到水平2和3的学生中，四、五、六年级学生分别占各班总人数的52.7%、85.7%和87.1%。这进一步说明，六年级学生计算题的完成质量低于五年级学生，不是阅读理解水平低，而是存在其他原因的。

（三）应用水平

1. 知识结论应用水平

第二次测查（材料5）考查学生将阅读"101乘两位数"得到的规律应用到类似的新问题中的能力，并与第一次测查（材料4）进行比较，水平划分与材料4第（3）题一致。

> **材料4** （3）101乘一个两位数的积有什么规律？
> **材料5** 3.下面的两组算式，你先算一算，再想一想其中的规律。
> 　　418×1001=　　　　536×1001=　　　　237×1001=
> 　　……
> 　　我发现：

1001乘三位数的积的规律，包含两个要点：① 积一定是一个六位数；② 结果是这个三位数写两遍。学生知识结论应用水平划分如下：水平0（错误）、水平1（写出要点"六位数"）、水平2（写出要点"三位数写两遍"）、水平3（两个要点写完整）。

学生知识结论应用水平统计如图1-2所示。

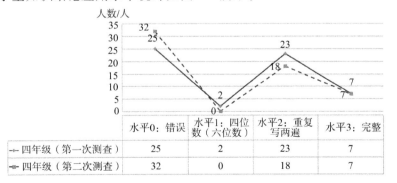

(a)

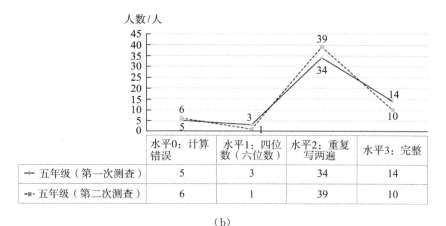

图 1-2

第二次测查（材料5）发现：达到水平2和3的五、六年级学生占比在90%左右，对新问题的解决能力比较强；达到水平2和水平3的四年级学生占比不到50%，存在比较大的差异。与第一次测查（材料4）相比，达到水平2和水平3的学生，四年级减少5人，五、六年级分别增加1人、3人。在对阅读材料理解的基础上，三个年级的学生的知识结论应用水平都较高，其中五、六年级还有增无减。我们通过学生访谈了解到：第一次测查是在理解的基础上进行复述，有的学生存在遗漏要点的情况；第二次测查是在解决问题、理解记忆的基础上用自己的数学语言进行表达，学生有理有据、有话可说。

2. 探究方法应用水平

第一次测查（材料4）中的第（4）题，侧重考查学生概括小作者研究"101乘两位数"的方法，第（5）题侧重考查学生应用这些方法探究新问题的能力。

> **材料 4**
> （4）文章中，小作者是怎样来说明这个规律的？（101乘两位数的积）
> （5）101乘一个三位数的积有怎样的规律？（请你先试着概括出规律，再想办法说明是怎么得到这个规律的？）

小作者在文章中用了三种方法（用乘法分配律、举例子、列竖式）来说明这个规律。第（4）题中学生的探究方法应用水平层次划分如下：水平0（错误）、水平1（写出一种方法）、水平2（写出两种方法）、水平3（写出三种方法）。第（5）题中的规律需要考虑的要点比较多，相对比较复杂。我们在统计的时候主要关注方法的应用，探究方法应用水平划分和第（4）题相同，统计结果见表1-7。

表1-7 学生探究方法应用水平的统计

类别	材料4［第（4）题］						材料4［第（5）题］					
	四年级		五年级		六年级		四年级		五年级		六年级	
	人数	占比	人数	占比	人数	占比	人数	占比	人数	占比	人数	占比
水平0：错误	17	29.8%	4	7.1%	4	7.4%	44	77.2%	13	23.2%	14	25.9%
水平1：写出一种方法	34	59.6%	28	50%	20	37.0%	13	22.8%	32	57.1%	18	33.3%
水平2：写出两种方法	6	10.5%	20	35.7%	23	42.6%	0	0%	10	17.9%	19	35.2%
水平3：写出三种方法	0	0%	4	7.1%	7	13.0%	0	0%	1	1.8%	3	5.6%

第（4）题测查显示：三个年级的学生对探究方法有一定的概括能力，能写出一种及以上方法的，四年级超过70%，五、六年级均超过了90%。

第（5）题测查显示：学生能初步应用一种及以上方法探究规律，能较好地将探究方法迁移到新的实际问题中，五、六年级学生超过70%，四年级学生则较弱，不足30%。

比较发现：五、六年级学生探究方法的迁移能力明显高于四年级学生，具有较高的应用水平。在数学学习的过程中，学生需要慢慢积累举例子、列竖式、用乘法分配律等方法，不是读一篇文章就能掌握的，从研究方法的理解、掌握到应用，还有很长的路要走。

三、启示与建议

通过测查，我们初步分析了小学生数学阅读的概述水平、理解水平和

应用水平,得到了一些初步结论,获得了以下启示与建议:

阅读材料非常重要,适合的、高质量的材料能激发学生阅读的兴趣,使阅读的过程是愉悦的,阅读的质量也很高。随着学生数学知识的积累和学习经验的习得,四年级是一个培养数学阅读兴趣的很好的时间段。可以从老师推荐阅读开始,通过一篇数学科普小文章、一个数学小故事、一个数学小实验等,老师带着学生一起阅读。通过自主阅读、集体交流等方式,引导学生积累知识、掌握方法,感受阅读的快乐。到了高年级,可以采用教师推荐阅读、学生自主阅读相结合的方式,引导学生阅读一份报纸、一本数学读物等,并适时组织开展数学阅读交流活动。

不同年级学生的数学阅读水平有差异,同一个年级不同学生的数学阅读水平也有差异。从某种程度上来说,学习始于阅读,数学学习也是如此。我们发现,各个年级都有约五分之一的学生,数学自主阅读的水平比较低,学习数学有一定的困难。我们可以在课堂教学中,引导学生画一画、写一写、问一问、做一做等,边阅读边思考,找到适合自己的阅读方法。各个年级约有15%的学生有比较高的数学阅读水平,这部分学有余力的学生数学素养的提升同样需要我们引导。我们可以给这部分学生推荐一些拓展类的阅读材料,同时采用"小老师大讲堂"等形式,请他们交流独到的解答方法、分享新的阅读收获等。

"输入"与"输出"并举,合力提升数学阅读水平。我们除了要引导学生阅读数学课外读物,更要通过导学单等形式,让学生不受时间和空间的束缚,充分阅读课本。课上,学生积极交流,在互动中质疑、纠正、完善,切实转变学习方式;老师在难点疑点处点拨,理解和应用双线推进。学生课内外相结合的数学阅读是"输入","输出"的方式有很多:数学微演讲、数学日记、数学小论文、思维导图等。两者相结合能有效提升学生的数学阅读水平,培养学生的自主学习能力,发展学生的数学核心素养。

第三节 数学阅读的研究现状及可行性

一、国内相关研究

通过查找文献,发现国内虽有一些关于"悦读课程"的研究,但大部分均不是研究数学"悦"读的。目前对数学阅读课程的研究主要有以下几个方面。

内涵的研究:李兴贵、幸世强等主编的《新课程数学阅读教学新论》一书中指出:数学阅读就是看数学材料,领会、理解其中的数学知识、数学文化、数学思想,经历数学产生、发展、演绎、形成的过程,体验数学文化、欣赏数学美的过程。

内容的研究：陈家梅老师和同事一起筛选出 40 多本童话或故事作品作为数学阅读的主要内容，还根据单元统整课程读本（数学家的故事、数学发展史、奇妙的数学世界、数学艺林等）。

实施的研究：牛献礼老师认为要有阅读学习单，设计"问题串"，启发学生阅读；数学阅读课的流程是创设情境、激发兴趣→自主阅读、尝试探究→互动对话、交流提升。

评价的研究：孙俊勇老师提出，可以从获取信息、数学建模、数学推理、表达观点四个维度来评价学生数学阅读的能力。

二、国外相关研究

新加坡的数学新教材 *New Mathematics Counts* 的设置突出了数学阅读的材料。一是在教材每一章开头都会介绍与本章有关的数学背景知识，二是在每一章具体学习内容前都列有该章需要掌握的知识要点，三是在每一章末都设置了丰富的数学活动。

全美数学教师协会（NCTM）的数学课程标准提出数学教育的目标之一是：学会数学交流，会读数学、写数学和讨论数学。

澳大利亚数学课程标准中，特别提出了七项一般能力：读写能力、运算能力、信息通信技术的能力、批判思维和创新性思维、符合道德规范的品行、个人交往和社会适应的能力、跨文化理解能力，其中把"读写能力"放在首位。

还有俄罗斯、英国、芬兰、日本等许多国家，都非常重视数学阅读的教学及学生数学阅读能力的培养，数学阅读教学已经成为现代国际数学教育的主要特点之一。

三、国内外研究的共同点

（1）对数学阅读非常重视，将对学生数学阅读能力的要求写进课程标准或教学目标中。

（2）诸多学者从各个角度研究数学阅读课程，一致认为：要激发学生的兴趣，要提供丰富的数学材料，要教给学生阅读的方法和技巧，要对学生的数学阅读能力进行评价。

四、国内外研究的不足

（1）国内外研究的角度多样、方向不同，零星的、散状的居多，在数学阅读课程的目标设置、材料选择、组织实施、评价反馈等方面，没有形成完整的小学生数学阅读课程体系。

（2）学生在整个数学阅读的过程中，没有大主题的引领、大任务的驱动，被动接受阅读材料的多，表达自己观点方式的比较少，学生的主观能动性发挥得不够充分。

（3）学生表达阅读感受和观点的形式比较传统、单一，阅读与交流的空间和时间均有一定的局限性，没有和新媒体的应用紧密结合起来。

数学"悦"读课程将内容开发与课程实施结合起来，从课程目标、课程内容、课程实施到课程评价，致力于形成一个完整的小学数学"悦"读课程体系。数学"悦"读课程从单元整体入手，有大主题引领的单元整体阅读；每个课时，由学生主动发现并提出问题，在大任务的驱动下，学生自主分析和解决问题，并用自己喜欢的方式表达自己的研究过程和初步结论；还设有单元回顾、反思与评价。学生可以通过年级 QQ 群和不同学校、不同地区的小伙伴交流数学阅读成果，优秀的作品还将通过微信订阅号"数学悦读"发布。

数学"悦"读课程能让学生在单元问题的驱动下，自主阅读数学材料，对数学知识由理解到内化、再由反思到完善，这个过程中学生的信息收集和处理、数学建模、问题解决、数学理解与表征、逻辑思维和数学交流与表达等数学关键能力得到了发展，必备品格与正确的价值观协同发展，提升了学生的数学核心素养。

因此，我们明确了数学"悦"读课程研究的可行性与必要性，明确了学科核心素养观下小学数学悦读课程的开发与研究是有一定价值的。

第四节　小学数学"悦"读课程的实践研究

一、悄然萌芽

1. 坚持多年读报

2005 年开始，我和学校数学老师开始组织学生阅读每一期《小学生数学报》，举行读报交流活动、鼓励学生投稿、参加小读者竞答等，这些活动很受同学们的欢迎。

2. 一次主题分享

2010 年 12 月，受昆山市少年宫的邀请，我和学生家长进行了一次题为"坚持数学阅读　助力思维发展"的主题分享，受到了家长们的一致好评。

3. 一位特殊学生

2014 年那一届毕业生中，有一个学生在总复习"量的计量"练习中，填写：一只小白兔重 2（吨）。就是这样一个孩子，通过计算、解决实际问题等基本题型的反复练习和个别辅导，毕业测试成绩达到 B。她升入学区内中学后，七年级第一学期期末考试数学仅有 39 分（满分 130 分）。这个学生引发了我们的思考：怎样的数学学习方式，能更好地培养学生的学科核心素养？

4. 一本书的影响

《PISA 测评的理论和实践》一书，介绍了国际学生评价项目，测评聚焦在阅读、数学和科学等关键领域的素养上。其中，PISA 的试题以单元形式出现，文字阅读量比较大，理解题意需要独立的阅读能力。

这给我们带来了重要的启示：阅读能力是学生学习的一般能力，在某种意义上，学习始于阅读，数学学科也是如此。这就需要我们在平时的数学教学中，重视教学中的阅读环节，关注学生对数学文本的阅读，注重学生对数学问题的阅读理解，加强学法的指导，形成相应的教学策略。

二、落地生根

1. 一次问卷调查

2015 年 12 月，我们选择了昆山城区和乡镇 9 所学校三至六年级的 631 位学生，就数学阅读现状进行了一次问卷调查。发现：学生数学读物的种类少，超过 50% 的学生没有或只有 1 种数学课外读物；学生进行数学阅读的时间少，82.3% 的学生每周阅读时间在 1 小时以内，11.6% 的学生是没有数学阅读的。

2. 两个班级试点

2016 年 11 月开始，我创办了微信订阅号——"数学悦读"，在自己任教的两个六年级班进行试点。微信订阅号"数学悦读"与学生课本学习的进度一致，包括四个栏目。一是"数学知多少"：采用语音的形式，让学生了解数学历史、知晓数学趣闻、走近数学名家等。二是"新课加油站"：进行一周课内学习的重点知识梳理、错例分析与解答，还有两个实际问题作为"我的加油站"。三是"动手做数学"：让学生在不断动手尝试的过程中，体验、理解、思考与探索，发现隐藏的规律，解开数学的奥秘。四是"思维大挑战"：设置两道思考题，让学生"跳一跳，摘到果实"。

短短几期，"数学悦读"受到了家长和学生的一致好评，还有学生家长提出了建议："数学知多少"版块的语音可以通过 QQ 群招募学生担任小主播。此举赢得了大家的赞同，孩子们参与的热情高涨。

3. 逐渐推开研究

2017 年 2 月，振华实验小学朱礼斌和西塘实验小学邱思宇两位老师，凭着对"数学悦读"的喜爱加入进来，我们就同时推出三、六年级的"数学悦读"。

2017 年 10 月，"数学悦读"引入了新的媒体技术，"我的加油站"由文字加图片的形式改为微视频的形式，受到了小读者们的好评。同年 11

月，昆山市小学数学名师工作室吴进、顾静霞、魏正亚、凌志芬、秦素琴、潘娇、郎颖芸、林晓峰、顾英杰、周凌宇、申宵鹏老师同时加入"数学悦读"团队，在顾建芳导师的指导下，三至六年级数学"悦"读全面推开。

三、开枝散叶

1. 创意课程展示

2018 年 4 月，数学"悦"读课程代表昆山参加苏州市小学数学创意课程展示。活动展示了三至六年级各一学期的数学悦读读本、10 分钟左右的专题视频、三折页的宣传册等。在这次展示中，数学"悦"读获得了苏州市小学数学教研员刘晓萍老师、《小学数学教师》陈洪杰编辑及其他兄弟学校老师的肯定。

2. 专题活动交流

2018 年 11 月，数学"悦"读课程在苏州市核心素养背景下的小学数学"优化教学策略 提升关键能力"暨苏教版小学数学教材基地学校联盟活动中进行展示。此次活动中，杨春雷、周琳老师的公开课，尝试将数学"悦"读与课堂教学结合起来，我做了"数学悦读助推数学关键能力的培养"专题讲座，得到了三百多名与会老师的好评。

3. 品质课程分享

2019 年 1 月，"快乐参与·自主探究·思维飞扬——小学数学'悦'读课程的开发与实践"，作为昆山市教育局教研室重点培植的品质课程，通过昆山教育发布推荐给昆山全市的小学生，越来越多的小读者加入进来，我们的实践开始向课程迈进。

4. 小读者竞答赛

2019 年寒假，我们开展了小读者竞答赛——智慧小读者评选活动。通过每个年级各 3 期专题悦读，在各年级 QQ 群采集小读者的优秀作品，并在微信订阅号"数学悦读"上发布，掀起了小读者们阅读、探究、分享的热潮。

四、蓬勃生长

2019 年 12 月，"学科核心素养观下小学数学悦读课程的开发与实践研究"课题获批为江苏省中小学教学研究第十三期立项课题；2020 年 6 月，课题举行开题论证活动；2021 年 4 月，课题举行中期成果鉴定；2022 年 12 月，课题如期顺利结题。在这个过程中，我们对数学"悦"读课程的目标、内容、实施和评价等做了系列研究和充分论证，课题研究工作逐步深入、扎实推进，取得了一定的实践性成果，也获得了良好的教育效益和社会影响。

（一）研究工作开展情况

1. 进一步加强理论学习

根据主课题方案、围绕子课题内容，我们通过自主学习与小组交流相结合的方式，看专著、查文献、读刊物等，学习数学核心素养、数学阅读、课程开发与实践等相关教育教学理论知识。如：阅读曹培英老师的专著《跨越断层，走出误区："数学课程标准"核心词的解读与实践研究》，对数学核心素养的内涵有了进一步的理解；阅读汤卫红老师关于数学阅读的文章，了解到数学阅读研究的进程和发展方向；阅读期刊上相关的优秀论文，对课程开发与实践的整个过程有了系统认识。

2. 扎实推进子课题的研究

每一个子课题，从方案制订、过程实施到反思总结，都是一步一个脚印，扎实推进（表1-8）。其中9个子课题，通过申报成为2021年昆山市"十三五"个人规划立项课题，经过一年的研究，已经全部顺利结题。

表 1-8 研究子课题

一级子课题	二级子课题
1. 数学"悦"读课程目标的研究（林晓峰）	1A 学生数学"悦"读现状的调查研究（王强） 1B 数学"悦"读课程纲要编写的研究（周凌宇）
2. 数学"悦"读课程内容的研究（秦素琴）	2A "数学悦读"校本教材建设的研究（凌志芬） 2B 单元任务单、课时导学单的研究（郎颖芸） 2C 数学"悦"读课程教学设计研究（朱礼斌）
3. 数学"悦"读课程实施的研究（王娟）	3A 数学"悦"读与课堂教学相结合研究（邱思宇） 3B "数学悦读"校本课程的实施研究（陈军） 3C 微信订阅号"数学悦读"制作发布研究（潘娇）
4. 数学"悦"读课程评价的研究（朱娴蓉）	4A 数学"悦"读课堂教学评价研究（吴进） 4B 班级整体数学"悦"读水平评价研究（申宵鹏） 4C 学生个体数学"悦"读水平评价研究（苏心怡）

3. 开展一月一书阅读活动

我们引导学生将自己阅读的数学课外书通过微信订阅号进行推荐，梳理出三至六年级学生喜欢又适合的数学阅读推荐书目，每个年级12本，一月一书阅读活动开展得红红火火。

4. 微信订阅号发布及维护

七年来，我们坚持每个年级由两位课题组老师负责微信订阅号"数学悦读"的发布及维护工作。每周一期的"数学悦读"，四个版块需要的素材，由老师编写走向学生组稿，孩子们自主搜集、整理素材，通过各个年级的 QQ 群进行交流，编写老师择优录用。学生既是读者又是编者，开阔了数学视野，培养了数学关键能力，提升了数学核心素养。

每个学期 16 期、寒假 3 期、暑假 8 期，陪伴小读者走过每一个春夏秋冬……"数学悦读"至今已经累计发布 1200 多期，目前有近 2.4 万多个小读者家庭参与。

5. 打造"悦读·生长"课堂

我们开展了四次昆山市级"数学悦读与课堂教学"专题研讨活动，一共有 14 位老师讲授了公开课。大家就数学国家课程新授课、复习课，以及数学校本课程阅读课、活动课做了深入探讨，形成了初步的模型范式。

课题组的老师在送教下乡、教育共同体教研、贵州铜仁支教等活动中，讲授了 40 多节"悦读·生长"课，如新授课"乘法交换律和结合律""圆的周长"，复习课"平面图形的面积复习""《因数与倍数》复习"，数学阅读课"乘数 101 的奥秘""身份证中的秘密"等，受到了广泛好评。

6. 推进联盟学校实验班工作

数学悦读课题联盟校名单
昆山市实验小学
昆山高新区西塘实验小学
昆山市玉山镇振华实验小学
昆山开发区晨曦小学
昆山经济技术开发区世茂小学
昆山市陆家镇菉溪小学
昆山市石浦中心小学校
昆山经济技术开发区国际学校

图 1-3

2021 年 9 月，我们成立了数学"悦"读课程联盟（图 1-3），有 8 所学校参与，其中有昆山城区学校与乡镇学校，有公办学校与私立学校。16 位骨干教师、16 个实验班与 16 个非实验班进行了为期一年的成果初步推广与继续研究工作。

我们实验班的工作在四年级和六年级中分别展开，主要包括三个方面。一是课例研究，每个年级选出 10 个左右的典型课例，大家一起研究确定初稿，每个老师再根据自己班级的实际情况进行教学实践。二是学生数学"悦"读成长档案袋的积累与整理。三是评价跟进，我们以数学阅读能力成分为测试内容，编制试题，对实验班和非实验班分别进行了前测和后测，用于监测我们的实验工作，并及时进行调整和优化。

7. 定期组织研讨梳理与总结

在课题主持人的带领下，我们每学期召开两次课题核心成员会议。学期初，课题组成员讨论商定研究计划、落实人员分工、细化实施方案；学期末，进行活动总结，反思研究过程，进行阶段性成果梳理与展示。对课题研究过程中出现的问题，及时进行讨论研究，落实解决问题的方案，并跟进评价。同时，经常进行查漏补缺，不断修改完善，并有针对性地提出新要求，扎实推进研究工作。

（二）取得的实践性成果

1. 出版了数学"悦"读系列学生读本

经过多年的实践和积累，我们将微信订阅号"数学悦读"上的内容，整理成数学"悦"读学生读本，三至六年级每个年级2册（图1-4）。以单元进行整体建构，"单元学习单—每周数学悦读—单元整理、反思与评价"，A册、B册还分别设有寒假专题"悦"读、暑假专题"悦"读。

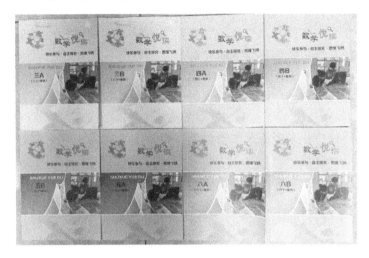

图1-4

2. 提升了学生数学学科核心素养

数学"悦"读吸引了一大批爱阅读、善思考、勤探索、乐分享的小读者。昆山市实验小学顾同学，因为数学"悦"读不受时间和空间的束缚，听语音、动手做、练思维，可以和更多同龄的小伙伴交流学习，让他对数学着了迷，经过半年多的努力，迈进了自己理想中的初中。昆山市信义小学金同学原本就是一个"数学迷"，加入数学"悦"读之后，就非常乐意把自己的阅读收获拍成短视频，通过二次阅读和小伙伴们分享，甚至饶有兴致地研究起了"微积分"，他的视频发布在"今日头条"上，受到了社会的关注和赞扬。昆山高新区西塘实验小学张同学，积极参加每一期的"数学悦读"，评上"智慧小读者"之后，她和妈妈都写了活动感言，还送来了锦旗……我们将小读者风采、悦读推荐与悦读秀场汇编成了"学生作品集"。

我们课题组的老师在自己任教的班级实践着，学生的数学学业水平在悄然发生着变化。同时，我们还对六年级8个实验班进行了跟踪评价，经过一年的时间，学生的数学阅读能力获得了较快发展，数学核心素养得到了显著提升。

3. 促进了教师专业发展和学校数学教育发展

随着数学"悦"读课题研究的不断深入，课题组成员先后撰写了数十篇研究论文，其中有15篇论文已经发表。课题组成员先后讲授昆山市级以上"悦读·生长"公开课40多节，在昆山市、铜仁市第二小学举办"数学悦读"主题研讨活动5次，集中展示"悦读·生长"公开课15节、讲座3个。在这个过程中，课题组成员获评姑苏教育人才1人、苏州市学科带头人3人、苏州市教坛新苗2人，多人获评昆山市学科带头人、教学能手和教坛新秀。我们将课题组老师讲授的数学"悦"读公开课、发表的论文及子课题研究汇编成了"教师成果集"。

数学"悦"读的创新实践，促进了学校数学教育的发展。联盟学校的教研活动中，"悦读·生长"的教学实践愈加丰富；数学周活动中，"智慧小读者"的评比让学生愈加亲近数学；数学"悦"读走进家庭，促进了家校合作和亲子交流……

第二章
小学数学"悦"读课程的目标确定

1. 数学"悦"读是什么?与数学阅读有什么不同?
2. 数学"悦"读课程确立了哪些目标?
3. 数学"悦"读课程有什么价值?

实践的热情,在小读者和家长朋友的反馈中被点燃。一项好的研究,要想走得更远,更需要沉下心进行理性的思考。课程目标的确定尤为重要,它是课程开发与实践的出发点与落脚点。课题组从学科育人出发,逐一确定了价值观念、必备品格、关键能力等方面的具体目标。

我们期待通过课程的内容建构,形成小学数学"悦"读课程体系;通过课程的具体实施,有效培养学生的自主学习力、数学阅读能力。进而提升教师的课程领导力,发展学生的数学核心素养。

第一节　数学"悦"读的概念界定

1. 阅读与悦读

"阅读"通常可理解为：阅读是运用语言文字来获取信息、认识世界、发展思维，并获得审美体验与知识的活动。它是从视觉材料中获取信息的过程。视觉材料主要包括文字、符号、公式和图片，以及图表等。

阅读通常分为三种方法，分别是信息式阅读法、文学作品阅读法和经典著作阅读法。

第一种是信息式阅读法。这种方法的目的是了解情况。我们阅读报纸、广告、说明书等属于这种阅读方法。对于大多数这类资料，读者应该使用一目十行的速读法，眼睛像电子扫描一样在文字间快速浏览，及时捕捉自己所需的内容，舍弃无关的部分。任何人想及时了解当前形势或者研究某一段历史，速读法是不可少的，然而是否需要中断、精读或停顿下来稍加思考，视所读材料而定。

第二种是文学作品阅读法。文学作品除了内容之外，还有修辞和韵律上的意义。阅读时应该非常缓慢，通过眼睛接受文字信号，将它们转译成声音，到达喉咙，然后加以理解。唯有充分运用这种方式，才能汲取文学家们的聪明才智、想象能力和写作技巧。

第三种是经典著作阅读法，这种方法用来阅读哲学、经济、军事和古典著作。阅读这些著作要和读文学作品一样慢，但读者的眼睛需要经常离开书本，对书中的一字一句都细加思索，捕捉作者的真正用意，从而理解其中的深奥哲理。

若以阅读理解效率的高低为标准的话，一般的阅读可分为精读、速读、略读和泛读四类。精读是读者对阅读物掌握要求最高的一种，这类阅读一般用于工作、学习和考试复习中需要精确理解和记忆的内容；速读则是在需要从头到尾的阅读中，获取有用信息的一种快速阅读方法，此种阅读方法的理解记忆精确度稍次于精读；略读是重于选择重点和要点式的概要式阅读；泛读则是目的性不强的泛泛而读。

课外阅读可以拓宽学生的视野，书读得越多，学生的知识面就会更开阔，同时会让学生在阅读中丰富头脑，使他们的思维更活跃，更具有灵活性。在遇到问题时，学生不会特别费力，他们会从自己以往积累的知识财富中去探索，解决问题的方式也会更多样。广泛的课外阅读是学生搜集和汲取知识的一条重要途径，通过这条途径开阔了学生的知识面，思维也更加灵活，这就为学生提供了丰富的智力来源。

悦读中的"读"是指阅读,"悦"既是高兴、愉快,又是使之愉悦的意思。"悦读"是指学生在主动阅读中,增强积极的体验,体味其中的奥秘与快乐,从内心深处喜欢上阅读,从而实现自主阅读。

2. 数学阅读与数学"悦"读

数学阅读是指数学、科学、人文艺术等的整合阅读,包括一切蕴含数学知识、方法、思想和精神的文字、符号、图画、表格等,学生可以从中汲取智慧、启迪思考、陶冶情操、培塑人格。

数学上的阅读,很多时候是对问题的理解和分析,数学问题的不同类型存在着不同的表达方式。学生解决问题的能力往往与其具有的阅读能力成正比。有时学生不能解决实际问题,并不是因为知识基础和学习能力不足,而是因为阅读能力不够。

数学"悦"读是指学生主动搜集数学素材,自主开展学习探究,乐于分享阅读成果的数学学习活动。具体来说,是围绕一个单元主题,以教材、数学课外读物、网络资源等为基本内容,学生自主地提出问题,搜集、整理资料并进行数学材料的阅读,通过新媒体不受时间和空间的限制进行广泛交流,得出结论或解决问题。与数学阅读相比,数学"悦"读更加突出学生主动参与,积极体验读中寻找、读中探究、读中分享的成功,感受在阅读中探寻数学奥秘的快乐。数学"悦"读具有以下特征:

一是愉悦性:围绕一个单元的学习内容,研究的问题是自己提出的,学生带着愉悦的心情进行研究;研究的过程中,学生自己想办法尝试各种方法,面对挑战有百思不得其解的困苦,也有成功的喜悦;研究的结果和大家一起分享,自己的成果得到认可是开心的,自己的发现得以纠正和完善也是快乐的。

二是具身性:不动笔墨不读书,数学"悦"读也要眼到、口到、心到,还要提出猜想、验证猜想、动手操作、自主探究、合作交流,研究结果的呈现方式可以是文字、图片、语音和视频等,学生在经历知识形成的过程中需要全身心地投入。

三是全程性:课前阅读与单元主题有关的数学资料(课外读物、网上资料等),围绕课时导学单阅读数学课本,做"悦读先行者";课上交流导学单的主要内容,积累阅读的方法、策略,做"悦读反思者";课后带着课上的思考和疑问,继续自主阅读数学材料展开研究,做"悦读挑战者"。

在数学"悦"读的过程中,学生的自主学习力得到了提升。在这个过程中,学生是愉悦的,有自觉的内在驱动力、积极的学习情感和浓厚的学习兴趣;学生是全身心投入的,自觉地确定学习目标并克服困难,实现预定学习目标;学生是全过程参与的,在解决问题的过程中,感知力、记忆力、思维力、想象力等都得到了发展。

3. 小学数学"悦"读课程

小学数学"悦"读课程以提升小学生的数学核心素养为目标，以教材及其他数学材料为内容，以国家课程渗透为主、校本课程为辅的形式组织实施，下文对此课程实施情况做出评价。

一是聚焦学科育人价值，确立了指向素养的课程目标。培养学生"理性至上、知行合一"的价值观念；求真、探究的理性精神，质疑、反思的创新意识，以及分享、坚持的积极态度；信息收集与处理能力、推理意识、运算能力、模型意识、理解与表征能力、交流与表达能力等数学关键能力。

二是基于学科素养元素，开发了衍生拓展的课程内容。从学科知识、生活经验、学习经验中挖掘课程要素，并将其组织成课程结构。

三是落实素养发展方式，推进了扎实有效的课程实施。以课程内容的建设为基石，以实践范式的建构为核心，以多元教学的开展为保障。

四是诊断素养发展现状，跟进了互动反馈的课程评价。从"目标取向"走向"过程评价"和"主体评价"，关注课程实施过程中学生的表现情况，以及学生在课程中的自主反思，聚焦学生数学阅读能力的提升和发展。

以学科素养观念下的育人价值、素养元素、发展方式、发展现状等作为小学数学"悦"读课程目标、内容、实施和评价研究的出发点和落脚点，通过小学数学"悦"读课程的开发与实践，助推学生数学核心素养的提升。

第二节 数学"悦"读的课程目标

数学"悦"读是一种融合"素材整理阅读、数学探究体验、数学表达分享"三位一体的数学学习新范式。数学"悦"读作为学科育人的创新实践，以"人的素养发展"为核心，同时切合小学生的认知特点，确定了以下目标：

1. 价值观念

数学"悦"读是学生在理性思维指引下的读思共融、知行合一的数学学习活动，培养学生"理性至上、知行合一"的价值观念。

理性至上，可以客观地分析事情，不带个人的感情色彩去看待事情，懂得区分轻重，懂得取舍，不会盲目做出决定。

知行合一，是由明朝思想家王守仁提出的哲学理论，即认识事物的道理与实行其事，是密不可分的。知是指内心的觉知、对事物的认识，行是指人的实际行为。知是行之始，行是知之成。知中有行，行中有知，二者不能分离，也没有先后。与行相分离的知，不是真知，而是妄想；与知相分离的行，不是笃行，而是冥行。知行合一，一方面强调道德意识的自觉性，要求人在内在精神上下功夫；另一方面也重视道德的实践性，指出人要在事上磨练，要言行一致，表里一致。

2. 必备品格

（1）理性精神：求真、探究。

求真，是指追求事物发展的真理和寻找事物发展的客观规律，是在科学的理论与方法的指导下，不断地认识事物的本质，把握事物的规律。

探究，是指探索追究或研究。美国《国家科学教育标准》中指出：探究是多层面的活动，包括观察、提出问题；通过浏览书籍和其他信息资源发现什么是已经知道的结论；制订调查研究计划，根据实验证据对已有的结论做出评价；用工具收集、分析、解释数据，提出解答、解释和预测，以及交流结果。

数学"悦"读的过程可以培养学生尊重事实、理性分析、追求本真；培养学生主动研究数学问题的意识，以及探索解决实际问题的能力。

（2）创新意识：质疑、反思。

质疑，是指人们在学习或工作中，遇到一些按常规推理或原有思维定式无法解决的问题，从而产生、提出疑问的心理过程。疑是思之始、学之端，是探索的开始。问能解惑，问能知新，任何科学的发现无不都是以问题开始的。质疑能力就是发现问题、提出问题的能力，它是一种极为重要的学习能力。

反思，是指思考过去的事情，从中总结经验教训。反思是自我的完善过程，它能帮助我们回顾、分析和总结过去，从中看到自己的缺点和不足，给自己创造一个完善自我的机会。反思作为一种从把握外在本质到把握内在本质的过渡，本身也有一个过程。

数学"悦"读的过程可以培养学生对数学"悦"读的素材、结论等敢于提出不同的观点，并找寻证据的能力；培养学生回顾数学"悦"读的全过程，审视自己的学习状态，并调整学习策略的能力。

（3）积极态度：分享、坚持。

分享，是一项传统美德，是一项生活技能，与人分享快乐，能使别人更快乐，自己也快乐。在分享的同时，性格会得到锻炼；分享有助于做更明确的决定；分享可以实现资源互换，可以使双方实现共赢。

坚持，是指在一段时间内有目的地持续去做一件事情，久而久之这件事情就会融入我们的生活，不需要刻意去提醒，自然而然也就会去做。坚持会成为我们生活中的一种习惯，在这个过程中我们学到了什么，有什么收获，这比是否成功更加重要。

数学"悦"读的过程可以培养学生的所思所得，积极与小伙伴进行交流；培养学生在数学"悦"读中持续不断地努力，遇到困难迎难而上、克服困难的勇气。

3. 关键能力

数学"悦"读培养的学生的关键能力包括：数学眼光（信息收集与处理能力）；数学思维（推理意识、运算能力）；数学语言（模型意识、理解与表征能力、交流与表达能力）；等等。

信息收集与处理能力：收集信息的能力是指通过各种方式获取所需信息的能力，是信息得以利用的第一步，也是关键的一步。处理信息的能力是指对信息进行筛选、分类、分析、整合，获得研究所需要的有效数据的能力，包括信息的分析、信息的整理、信息的运用及信息的交流四个部分。

推理意识：指对逻辑推理过程及其意义的初步感悟。知道可以从一些事实和命题出发，依据规则推导出其他命题或结论；能够通过简单的归纳或类比，猜想或发现一些初步的结论；通过运用法则，体验数学从一般到特殊的论证过程；对自己及他人的问题解决过程给出合理解释。

运算能力：指根据法则和运算律进行正确运算的能力。能够明晰运算的对象和意义，理解算法与算理之间的关系；能够理解运算的问题，选择合理简洁的运算策略解决问题；能够通过运算促进数学推理能力的发展。

模型意识：指对数学模型的初步感悟。知道数学模型可以用来解决一类问题，是数学应用的基本途径；能够认识到现实生活中大量的问题都与数学有关，有意识地用数学的概念与方法予以解释。

理解与表征能力：理解能力，是指学生对于数学核心知识内涵的理解程度，对数学知识中的逻辑意义、知识背景、数学思想方法、数学理性精神与思维方式的理解。表征能力，是指通过符号、文字、图表、公式、模型等方式，对数学中的核心概念、数学关系、数学问题进行关联式的表达，建立起数学知识和针对性问题的一一映射，把复杂问题进行拆解来简化问题。

交流与表达能力：指学生将自己理解和掌握的数学知识、方法、策略、思想，通过口头或书面的形式呈现出来，可以把口头语言与书面语言相结合、数学语言与日常语言相结合、模型表达与文字表达相结合。

由此形成了数学"悦"读课程目标体系,如图 2-1 所示。

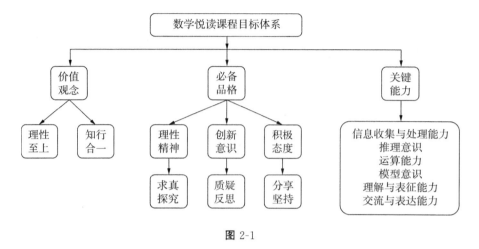

图 2-1

第三节　数学"悦"读的研究价值

数学"悦"读课程经过近 20 年的开发和实践,取得了一定的实践性成果,也取得了良好的教育效益和社会影响。经过梳理,主要有以下研究价值:

1. 形成小学数学"悦"读课程体系

基于国内外数学阅读研究的现状,在课程的目标设置、材料选择、组织实施、评价反馈等方面,相关研究的角度多样、方向不同,零星的、散状的居多,没有形成课程体系。

我们提出学科核心素养观下"小学数学'悦'读课程"这一新概念。以学科育人创新实践为出发点和落脚点,将数学"悦"读目标、内容、实施和评价等有机统整、内在统一、互相协调,形成适合小学生开展数学"悦"读的课程体系。

2. 有效培养学生的自主学习力

学生在整个数学阅读的过程中,没有大主题的引领、大任务的驱动,被动接受阅读材料的多,表达自己观点方式的比较少,学生的主观能动性发挥得不够充分。

新课程倡导学生从学会到会学,就是要培养学生的自主学习力。学习力是一个人学习的动力、毅力、能力的综合体现,是把知识资源转化为知识资本的能力。学习力包括学习动力、学习毅力和学习能力三个要素。学习动力是指内在驱动力,主要包括学习需要、学习情感和学习兴趣。学习毅力是指自觉地确定学习目标并支配其行为，克服困难，实现预定学习目标的能力。它是学习行为的保持因素，在学习力中是一个不可或缺的要素。学习能力是指由学习动力、学习毅力直接驱动而产生的接受新知识、新信息，并用所接受的知识和信息发现问题、提出问题、分析问题、解决问题的智力，主要包括感知力、记忆力、思维力、想象力等。对于学习而言，它是基础性智力，是产生学习力的基础因素。

自主是指自己主动，不受别人支配。自主学习力，是指学生作为学习的主体，有自发的内在驱动力，有坚强的学习意志力，通过独立分析、探索、实践、质疑、创造等方法，来实现学习目标。

数学"悦"读是提高学生自主学习力的有效途径，将这种形式与原有的数学学科教学相结合，能切实改变学生的学习方式，提高学习效率和质量。国家课程新授课和复习课的渗透，校本课程阅读课和活动课的实施，使学生的学习动力、学习毅力和学习能力都能得到有效的提升，进而整体提升学生的自主学习力。

3. 落实新课标"三会"学科核心素养

数学"悦"读课程内容的实施，能让学生在单元问题的驱动下，对数学材料进行自主阅读，对数学知识由理解到内化、再由反思到完善。在这个过程中，学生的数学关键能力得到了发展，必备品格与正确的价值观协同发展，提升了学生的数学核心素养。

课前泛读中，有学生自主推荐的数学读物，有基于单元学习主题的资料等，主要培养学生的信息收集与处理能力，让学生会用数学的眼光观察现实世界。课上品读中，有搜集整理形成的数学知识，有自主探究过程的数学记录，有知识回顾梳理的思维导图等，主要培养学生的推理意识、运算能力，让学生学会用数学的思维思考现实世界。课后续读中，有主题式延伸悦读材料，侧重于让学生通过课堂学习积累的学习方法和活动经验展开新的阅读研究，培养学生的模型意识、理解与表征能力、交流与表达能力，让学生学会用数学的语言表达现实世界。

4. 提升教师的课程领导力

教师的课程领导力是指教师作为课程的领导者和参与者，以新课程标准为依据，创造性地设计课程教学环境，有效实施课程教学，全面提升课程质量的能力。该能力主要包括：教师课程意识力、教师课程设计力和教师课程实施力。

教师课程领导力是教师对课程的基本认识、其课程行为的自觉程度及对课程设计和实施的系统把握。它包含两个方面的内涵：一方面，教师在课程领导中，以平等、合作、分享的方式，能够为课程的发展提出意见和建议，共同对课程进行决策，从而实现课程发展目标。另一方面，教师在课堂层面，充分发挥自主权，根据课程标准的要求，制订教学计划，定期进行课程评价，同时充分发挥日常教学工作中的课程领导智慧，形成自己独特的教学方式，并在课堂管理中投入自己的情感与管理智慧，对学生形成积极影响。

数学"悦"读让因材施教更好地落实，通过导学单反馈班级整体差异、学生个体差异，教师需要根据实际情况开发课程（组织内容、设计教学预案），实施课程（充分预设、精彩生成）等，能极大地提升教师的课程领导力，助推教师的专业发展。

第三章
小学数学"悦"读课程的内容建构

1. 数学"悦"读课程内容的选择要注意什么？
2. 数学"悦"读课程内容有哪些？

数学"悦"读是一种融合"素材整理阅读、数学探究体验、数学表达分享"三位一体的数学学习新范式。课程内容的开发，注重学生立场，是学生自己喜欢的，才会主动参与；是学生觉得有趣的，才会自主探究；是学生认为开放的，才会自信发展。

数学"悦"读贯穿于数学学习活动的全过程。课前泛读内容，让学生做悦读先行者；课上品读内容，让学生做悦读感悟者；课后续读内容，让学生做悦读挑战者。

第一节　数学"悦"读课程内容的选择原则

数学"悦"读除了挖掘"例题""练习题""你知道吗""动手做""探索规律""综合实践"等学科内容外,还基于学生自身发展和适应社会发展需要开发课程内容,这些都是素养导向下挖掘课程要素的重要方式。数学"悦"读课程旨在引导学生"阅读＋探究＋分享",因此课程内容的选择遵循以下原则:

1. 注重自主性,让"身体在场"

认知建构主义原理认为,自主性学习是学习者能够根据自己的学习能力、学习任务的要求,积极主动地调整自己的学习策略和努力程度的学习过程。自主性学习是一种优秀的学习品质,相对于"被动性学习"、"机械性学习"和"他主性学习",自主性学习要求学习者对为什么学习、学习什么、如何学习等问题有自觉的意识和反映。

学生在学习活动前,能够自己确定学习目标、制订学习计划、做好具体的学习准备;在学习活动中,能够对学习进展和学习方法做出自我监控、自我反馈和自我调节;在学习活动后,能够对学习结果进行自我检查、自我总结、自我评价和自我完善。那么,这样的学习就是自主性学习。

通过自主性的数学"悦"读课程内容,学生可以独立选择、自行推进、自由表达,全身心投入到数学"悦"读的学习内容中,实现沉浸式学习,提升学习的深度。

2. 注重探究性,让"过程在场"

探究性学习,指学生通过类似于科学家进行科学探究活动的方式获取学科知识,并在这个过程中,学会科学的方法、技能和思维方式,形成科学观点和科学精神。

数学"悦"读课程让学生切实改变学习的方式,即由过去主要听教师讲授,从学科的概念、规律开始学习的方式,变为学生通过各种学习活动来发现概念和规律的方式。当学生面临各种让他们困惑的问题时,要做出各种猜测,想办法寻找问题的答案;在解决问题的时候,要对问题进行推理、分析,找出解决问题的方向,然后通过观察、实验等开展学习活动,也可以通过其他方式(如查阅资料、请教他人等)开展学习活动,进行分析、比较、归纳等;最后通过讨论和交流,进一步发现规律、得出结论、发现新的问题,对问题进行更深入的研究。

通过探究性的课程内容,激发学生边读边想、边想边做、边做边说,经历观察猜想、比较分析、验证反思等学习过程，积累数学学习经验。

3. 注重开放性，让"发展在场"

开放性学习是学习的基本形式，是学习活动最自然、最基础的形态。开放性学习活动往往从一个真实问题出发，学生能通过不同的方式开展学习活动，经历不同的、生动的过程，得到不同的问题答案。老师在组织交流时，可以由易到难、由具体到抽象，让不同的学生获得不同的思维发展。

通过开放性的课程内容，学生悦读活动的形式是多种的（如材料阅读、数学实验、实践活动等），悦读活动的成果是多样的（如文字、图片、语音、视频等），促进每个学生生动、活泼地发展。

第二节 数学"悦"读课程内容的结构体系

课程内容是课程实施的基础和关键，我们立足学生素养发展中的价值观念、必备品格、关键能力三个方面，基于课前泛读、课上品读、课后续读三个板块，分层设计数学"悦"读课程的基本内容，并建构其整体框架（图3-1）。

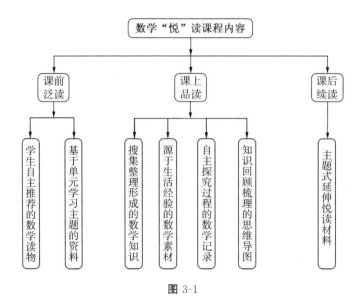

图 3-1

一、课前泛读内容

（一）学生自主推荐的数学读物

好的数学读物，能激发学生阅读的兴趣，拓展学生的数学视野，发展学生的数学思维,培养学生的数学眼光。我们在学生个体阅读之后,请学生推荐数学读物:写清适合阅读的年级、写上几句自己的阅读感受作为推荐语。

1. 数学读物分类

(1) 数学故事类。

推荐人:郑谢轩

推荐书目:"数学王国奇遇记"丛书

(适合三年级同学阅读)

推荐语:

我们在生活中处处都能发现数学的身影,只要我们用心观察和学习,就会发现原来数学没有我们想象中那么枯燥乏味。

今天我向大家推荐一套"数学王国奇遇记"丛书。书中包括交通、军事、历史等与数学相关的内容。它主要以数学趣味故事的形式来鼓励我们在学习数学的过程中多观察、多思考。书中的故事生动有趣,很多都与我们的实际生活息息相关,比如我们经常玩的数字游戏二十四点、数独游戏等,书中都有介绍哦,大家是否感兴趣呢?这些都可以让我们在玩游戏的过程中体会到数学的乐趣。"数学天才"高斯大家都不陌生吧,他发明的高斯定律被我们广泛运用,但他身上发生的故事大家都了解吗?其实这套书中有很多很多的小知识、小故事等着我们去揭秘。

让我们翻开书,尽情在一个一个妙趣横生的数学故事中遨游吧。我相信读完这套书,你一定会有不一样的收获。

(2) 数学科普类。

推荐人:李紫荧

推荐书目:《故事中的数学》

(适合六年级同学阅读)

推荐语:

《故事中的数学》这本书的作者是谈祥柏,他是我国著名科普家,与张景中院士、李敏佩教授一起,被誉为"中国数学科普的三驾马车"。他所写的《故事中的数学》生动有趣,在这本书中,每个故事都讲述着一个关于数学的道理。比如,从《白骨精的"盒饭"》中我读懂了一个数与另一个数倒着读一样时,它们互为逆序数,而且它们的平方也互为逆序数。在这本书中,谈祥柏爷爷引用了西游记里的人物来为我们讲解,十分有趣。另外,书中还使用了小说、笑话、成语、俗语等为我们讲述一个个生动有趣的故事。读完这本书,我对数学有了更大兴趣。这本书让我知道数学无处不在,只要探索就会有所发现。

请大家来看看这本《故事中的数学》吧！让我们一起探索数学的奥秘！

（3）数学童话类。

推荐人：时梦涵

推荐书目：《冒险岛数学奇遇记》

（适合三、四年级同学阅读）

推荐语：

《冒险岛数学奇遇记》的主人翁哆哆带着你一起去挑战、去冒险、去超越、去学习，让大家在享受数学思维乐趣的同时，树立强大的数学信心。

打开书本，不小心闯入另一个平行世界的少年哆哆，来到了充满挑战和冒险的数学岛。在寻找回到原来世界的方法时，哆哆遇到了声名赫赫的"数学神偷"——阿鲁鲁和修米，并和他们成为了很要好的朋友。阿鲁鲁误偷了撒比特拉玛将军的水晶骷髅头骨，头骨却又落入了骷髅教主扎昆这个黑魔法师的手里，为了夺回水晶骷髅头骨，并且阻止扎昆想要毁灭地球的邪恶行为，哆哆、阿鲁鲁义无反顾地开始了一场正义之战。

和哆哆一起解决数学难题，逃出困境，当你解决了一系列的数学难题后，你会发现你已经在不知不觉中喜欢上了学习数学。

（4）数学游戏类。

推荐人：陈曦

推荐书目："逻辑狗"丛书

（适合五、六年级同学阅读）

推荐语：

"逻辑狗"是一套锻炼数学思维的书，也是一套游戏书。从幼儿园开始，我就开始阅读这套书，并悄悄地、深深地爱上了数学。

"逻辑狗"内容丰富，图案精美。这套书的内容是由一个个小故事循序渐进组成的，可以当成小绘本来读，里面的主人翁和卡通人物有着丰富的表情和喜怒哀乐，生动极了！它还附赠一套操作板，上面有五彩的小按钮，按钮的数量随着题目的难度增大而增加，操作既简单又有趣。内容包涵广泛，从点、线、面到简单的几何图形，从简单的计算到复杂的找规律，从阅读理解到行为认知等，简直是包罗万象，趣味无穷！

在做游戏的过程中，我轻松愉快地解决了许多复杂的问题，也明白了一个道理：数学并不是单一的学科，而是与生活中的方方面面息息相关的知识。学会了数学，我们就能利用它来帮助我们解决生活中许许多多的实际问题，原来数学这么有用啊！

(5) 数学谜语类。

推荐人：刘昊轩

推荐书目：《很美很美的猜谜书》

（适合五、六年级同学阅读）

推荐语：

《很美很美的猜谜书》由法国作家法布里斯·马萨及希尔文·路易勒联合著作，伊凡·西格绘制插图。书中包含172道谜语和200幅中世纪风格插图。

这本书的神奇之处在于，它很有魔力，基本上没有烦琐的计算，没有很复杂的数据，但是处处充满着数学的逻辑：推理、数学计算、空间图形、猜谜解字。我们可以从中世纪的国王、骑士、古堡的神秘故事中解答各种好玩的数学谜题：比如钟楼怪人需要多少时间敲钟报时，如何把骑士的甲胄变为正方形，如何让巴黎的木匠用火柴棍拼成等边三角形，机械闹钟的奥妙，设计师的画图难题，圆桌骑士的颜色推理……这些充满想象力的谜题中蕴含着各种数学原理。

我相信不爱数学的你，看到这本精雕细琢的解谜游戏书，一定会爱上数学的。

(6) 数学魔术类。

推荐人：苏沐瑶

推荐书目：《数学魔术师》

（适合六年级同学阅读）

推荐语：

数学家华罗庚曾说过："宇宙之大，粒子之微，火箭之速，地球之变，生物之谜，日用之繁，无处不用数学。"大自然的鬼斧神工不外乎是数学符号写成的篇章。《数学魔术师》是一本包罗万象的书。这本书魔力无限，把人类有史以来很多跟数学有关的东西，包括历史、人文、天文、物理等，娓娓道来，不断深化。在这个充满好奇的扑朔迷离的殿堂中，你会发现：数学，原来是如此神奇！

世界上第一个测量"仪器"就是人体。人们发明尺子或其他测量工具之前，他们是用自己的身体测量长度的，即使在今天，我们依然用一些身体部位来测量长度。让我们阅读这本书，学会善于发现，善于探索，善于思考，勇敢尝试体验数学的乐趣。

(7) 数学知识类。

推荐人：王子沐

推荐书目：《学霸笔记》

（适合五、六年级同学阅读）

推荐语：

《学霸笔记》按照大的模块对知识点进行总结，并且采用思维导图的形式进行展示，知识点一目了然。尤其是数学，每个章节后面有练习题，可以检测对知识点的掌握情况。对于练习题，书中采用注释的方式提示了该题所用的知识点或者难点，这样就算一开始不会做，也能根据提示找到一些自己的思路，慢慢思考，最后自己把题解出来。

本套书采用手写笔记的形式，让我感觉更加亲切。很多知识点采用漫画的形式进行讲解，更能激起我们的学习兴趣。我相信只要我们能认真把这套书读懂，就一定能成为真正的学霸。

2. 数学读物特点

学生们推荐的数学读物，具有以下特点：

一是适切性。这些数学读物，不是家长、老师推荐的，因为同一本书，成人和儿童阅读的感受一定是不同的，成人觉得优秀的读物，孩子不一定喜欢。这些数学课外书，也不是孩子盲选的，看一下封面、看一下目录、看一下序言，孩子对书的感受是有温度的。同龄小伙伴推荐的数学读物，从阅读兴趣、阅读能力等方面看，都是切合的、适应的。

二是互动性。同龄小伙伴写的推荐语，容易引起小读者的兴趣，想要也来读一读，看看能不能和小伙伴在阅读感受上产生共鸣，同时为后续图书漂流、读书沙龙等活动的开展做好准备。

3. 数学读物书单

我们将学生推荐的书进行筛选、梳理，通过微信订阅号"数学悦读"（在第四章具体介绍）进行发布，最终形成三至六年级学生推荐书目（表3-1～表3-4），为一月一书阅读活动做好准备。

表3-1　三年级推荐书目

《数学世界历险记》 （数学漫画类）	《数学西游记》 （数学童话类）
《给孩子的第一堂数学思维课》 （数学科普类）	《数学精灵希里克》 （数学童话类）
《猜猜看》 （数学谜语类）	《数学是个大侦探》 （数学故事类）
《给孩子的数学三书》 （数学科普类）	《冒险岛数学奇遇记》 （数学漫画类）

续表

《奇妙的数学王国》 （数学童话类）	《数学笑传》 （数学漫画类）
《数学智斗记》 （数学故事类）	《数学真好玩》 （数学故事类）

表 3-2　四年级推荐书目

《数学在哪里》 （数学科普类）	《从前有个数——故事中的数学逻辑》 （数学科普类）
《吃了魔法药的哈哈阿姨》 （数学童话类）	《奇妙的数王国》 （数学童话类）
《很美很美的猜谜书》 （数学谜语类）	《儿童百问百答·荒唐露营》 （数学科普类）
《傲德来啦》 （数学漫画类）	《算得快》 （数学知识类）
《聪明孩子痴迷/爱玩的数学游戏》 （数学游戏类）	《绳长之谜》 （数学知识类）
《数学家的故事》 （数学科普类）	《马小跳玩数学》 （数学故事类）

表 3-3　五年级推荐书目

《神奇的数学》 （数学游戏类）	《学霸笔记》 （数学知识类）
《DK 儿童数学思维手册》 （数学知识类）	《这才是最好的数学书》 （数学知识类）
《数学星球》 （数学童话类）	《李毓佩数学故事》 （数学故事类）
《美国小学生经典数学游戏》 （数学游戏类）	《奇妙的科学》 （数学科普类）
《逻辑狗》 （数学游戏类）	《奇妙的卫兵排阵》 （数学故事类）
《可怕的科学经典数学系列套装》 （数学科普类）	《我超喜爱的趣味数学故事书》 （数学故事类）

表 3-4　六年级推荐书目

《DK 了不起的数学思维》 （数学科普类）	《数学魔术：84 个神奇的数学小魔术》 （数学魔术类）
《数学中的故事》 （数学故事类）	《数学维生素》 （数学童话类）
《几何真好玩》 （数学故事类）	《走进奇妙的几何世界》 （数学科普类）
《数学魔术师》 （数学魔术类）	《十万个为什么》 （数学科普类）
《趣味数学》 （数学知识类）	《数学百草园》 （数学科普类）
《帮你学数学》 （数学科普类）	《高思学校竞赛数学课本》 （数学知识类）

（二）基于单元学习主题的资料

在每个单元学习之前，我们都设计了形式上相对统一的单元学习单，其中最后一个部分是这样的（以三年级上册《千克和克》单元为例）。

---

4. 千克和克在实际生产和生活中应用广泛，请把你搜集到的有关千克和克的小知识介绍给大家。

（1）整理文字稿。（2）录制语音（2 分钟左右）。（3）发送到老师邮箱。

文字稿：　　　　题目 _____

_____

_____

学生通过阅读教材、请教他人、上网浏览等方式，搜索与本单元内容有关的数学素材；将这些素材进行筛选、整理，形成 200～300 字的、有主题的小短文。这些小短文，可以由学生录制成语音，成为微信订阅号"数学悦读"中"数学知多少"的内容；也可以配上 PPT，在数学课上向同学们做交流与展示。

1. 阅读小短文分类

（1）知识介绍类。

这一类内容往往从教材的"你知道吗"入手，通过资料的搜集与整理，使内容更加丰富、更加生动。如学习《认识负数》单元时，学生整理了下面的数学资料。

负数的由来

生活中，我们经常会遇到收入与支出、上升与下降等互为相反意义的量。在以后将要学习的解方程或其他数的运算中，还会碰到用较小数减去较大数的情形。这时候，我们就需要用到负数。

中国是最早认识和使用负数的国家。在我国古代秦汉时期，也就是2000多年前的《九章算术》方程一章中，就指出把卖（即收入）作为正，买（即支出）作为负；把"余钱"作为正，则"不足钱"作为负。在关于粮食计算的问题中，以增加粮食为正，减少粮食为负，指出：两算得失相反，要令正负以名之。这样，遇到具有相反意义的量，就能用正负数明确地区别了。

1700多年前，我国数学家刘徽首次明确提出了正数和负数的概念。他还规定筹算时"正算赤，负算黑"，就是用红色算筹表示正数，用黑色算筹表示负数。

图 3-2

《九章算术》还记载了正负数的加减运算法则，即：同名相除，异名相益，正无入负之，负无入正之；其异名相除，同名相益，正无入正之，负无入负之。这段话的前四句说的是正负数减法法则，后四句说的是正负数加法法则。（具体的计算方法在初一的有理数单元会讲到，感兴趣的同学可以先自行研究。）

公元17世纪以前，许多数学家由于把零看做"没有"，不能理解比"没有"还要少的现象，因此对负数一直采取不承认的态度。直到17世纪，笛卡尔创立了坐标系，负数获得了几何解释和实际意义，才逐渐获得了公认。400多年前，法国数学家吉拉尔首次用"＋"表示正数，用"－"表示负数。这种表示方法被广泛接受，并沿用至今。

(2) 主题研究类。

这一类内容往往从教材的内容出发，选择一个全新的主题引导学生研究。这一主题具有一定的现实意义，并有一定的研究价值。如学习《百分数》单元时，学生整理了如下数学资料。

恩格尔系数

同学们，你们听说过恩格尔系数吗？它与我们最近学习的百分数有着密切的联系。

十九世纪中期，德国统计学家和经济学家恩格尔，对比利时不同收入家庭的消费情况进行了调查，提出了带有规律性的原理，该原理被命名为恩格尔定律。它的主要内容是，一个家庭收入越少，用于购买生存性的食物支出在家庭收入中所占的比例就越大。对一个国家而言，一个国家越穷，每个国民的平均支出中，用来购买食物的费用所占比例就越大。

恩格尔系数是根据恩格尔定律得出的比例数，指食品支出占消费总支出的百分比，可以通过这样一个公式计算：恩格尔系数＝食品支出金额÷总支出金额。恩格尔系数是衡量一个家庭或一个国家富裕程度的主要标准之一。众所周知，饮食是人类生存的第一需要，在收入水平较低时，其在消费支出中将占有重要地位。随着收入的增加，在食物需求满足的情况下，消费的重心才会开始向其他方面转移。因此，恩格尔系数越大，一个国家或家庭生活越贫困；反之，恩格尔系数越小，生活越富裕。

恩格尔系数是国际上通用的衡量居民生活水平高低的一项重要指标，一般随着居民家庭收入和生活水平的提高而下降。恩格尔系数59%以上为贫困，50%～59%为温饱，40%～50%为小康，30%～40%为富裕，低于30%为最富裕。

改革开放以来，我国城镇居民家庭恩格尔系数已由1978年的57.5%下降到2010年的35.7%，即从基本温饱走向富裕；农村居民家庭恩格尔系数已由1978年的67.7%下降到2010年的41.1%，即从贫困走向小康。

同学们，赶快算一算自己家的恩格尔系数吧。

(3) 数学名家类。

榜样的力量是无穷的。每个年级的学生都会读一读数学家的故事，然后选取数学家的几个小故事进行整理、介绍。如学习《升和毫升》单元时，学生整理的数学资料，既是数学家故事，又与教学内容有一定的关联，对于学生有很大的鼓舞和激励作用。

爱迪生巧算灯泡体积

爱迪生年轻时，别人认为他缺乏科学知识，都不怎么看得起他。普林斯顿大学数学系毕业生阿普拉曾与爱迪生一起工作，常在卖报出身的爱迪生面前炫耀自己的学问。为了让阿普拉谦虚些，也为了让阿普拉对科学有真正的认识，爱迪生决定出个题目考考他。

有一天，爱迪生把一只玻璃灯泡交给了阿普拉，请他算算灯泡的体积是多少。在数学上，只有少数形状规则的物体的体积能很快计算出来，像正方体、长方体、球体、锥体等规则物体及它们的组合体，有些物体的体积虽然能计算，但很复杂，某些形状不规则物体的体积，在数学上是难以计算的。阿普拉拿着那个玻璃灯泡一看，灯泡是梨形的，心想："虽然计算起来不容易，但还是难不住我！"

他取出尺子上上下下量了又量，并依照灯泡的样式画了草图，然后列出密密麻麻的计算式。他算得非常认真，脸上渗出了细细的汗珠。但是，这个灯泡的体积实在太难计算了。过了一个多小时，他也没有算出来。

又过了一个多小时，爱迪生来看看他计算得怎么样了，只见阿普拉还低着头列算式，根本没有快要完成的样子。爱迪生不耐烦了，他拿过玻璃灯泡，沉在洗脸池的水中，将灯泡灌满了水，接着将灯泡内的水咕嘟咕嘟地倒入量杯里，一看量杯读数，对阿普拉说，就是这么多毫升，问题解决了。阿普拉这才恍然大悟，爱迪生的办法才是简单而准确的。

解决问题首先要选择正确的方法，而方法的选择要根据问题情况进行具体分析。阿普拉不做分析，一头钻进数学计算中，爱迪生却选择了更简单的实际测量的方法。他用水作为中介，将水灌入灯泡，水便占满灯泡内的整个空间，这部分水的体积与灯泡的体积是一样的，再把这部分水倒入量杯，就量出了水的体积，也同时量出了灯泡的体积。

（4）数学名题类。

这一类内容以故事的形式呈现，趣味性非常强，学生非常喜爱。同时，数学名题的解决过程中往往蕴含了数学思想、活动经验和独特策略，给学生以思维上的发展。如学习《解决问题的策略》单元时，学生整理了下面的数学资料。

中国古代趣题

1. 以碗知僧

有一位妇女在河边洗碗，过路人问她为什么洗这么多碗？她回答说：家中来了很多客人，他们每两人合用一只饭碗，每三人合用一只汤碗，每四人合用一只菜碗，共用了 65 只碗。你能从她家的用碗情况，算出她家来了多少客人吗？

2. 百羊问题

《算法统宗》是中国古代数学著作之一，书里有这样一道题：

甲牵着一只肥羊走过来问牧羊人："你赶的这群羊大概有一百只吧？"牧羊人答："如果这群羊加上一倍，再加上原来这群羊的一半，又加上原来这群羊的 $\frac{1}{4}$，连你牵着的这只肥羊也算进去，才刚好凑满一百只。"你能算出这个牧羊人赶的这群羊共有多少只吗?

3. 李白喝酒

我国唐代的天文学家、数学家张逐曾以"李白喝酒"为题材编了一道题:李白街上走,提壶去买酒。遇店加一倍,见花喝一斗(斗是古代酒具,也可作计量单位)。三遇店和花,喝光壶中酒,原有多少酒?

4. 物不知数

我国古代数学名著《孙子算经》中有这样一道有关自然数的题:

今有物不知其数,三三数之剩二,五五数之剩三,七七数之剩二。问物几何?

意思是说:一个数被3除余2,被5除余3,被7除余2。求这个数。

(5) 数学策略类。

有的单元,学生能搜集到的和学习内容相关的数学资料比较少,我们就鼓励学生推荐一些能体现数学思想、数学策略的资料。这些资料,往往以故事的形式展开,学生边读边悟,常常有一种豁然开朗的感觉,妙不可言。

田忌赛马

战国时期,齐威王要和田忌赛马。竞赛分三场进行,三战两胜,也就是说,双方各出三四马,一对一比三次。可是田忌的马不如齐威王的马好,田忌最好的马不如齐威王的好马,田忌中等的马不如齐威王的中马,田忌最差的马也不如齐威王的次马。

这时,孙膑给田忌出了一个好主意,竟然使田忌在赛马中取得了胜利。你知道,孙膑出了一个什么样的主意吗?

孙膑的主意是,让田忌用自己的次马迎战齐威王的好马,而用自己的好马去迎战齐威王的中马,用自己的中马去迎战齐威王的次马(图3-3)。田忌用了这个对策,以2比1取得了赛马的胜利。

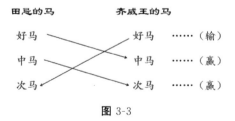

图 3-3

田忌赛马是"对策论"的范例。"对策论"是数学的一个分支,它运用数学的理论和方法,研究有利害冲突的双方,在竞争性的活动中,是否存在自己制胜对方的最优策略，以及如何找出这些策略、运用这些策略等问题。

2. 阅读小短文特点

学生基于单元学习主题整理、编写的资料，具有以下特点：

一是广泛性。不管是大单元还是小单元，每个单元都有一定的知识结构，以及与前后知识的联系，内容是比较丰富的。由一个个点生发开去，学生想到的问题很多，再由此去查找、整理出来的资料，也是各不相同的。

二是聚焦性。单元学习的主题，不管是数与代数、图形与几何、统计与概率，还是综合与实践的范畴，都是围绕一个主题展开的。因此，学生查阅、梳理出来的资料，不管是知识的补充、延伸还是拓展，都是在同一个领域内联系紧密、聚焦主题的。

因此，学生基于单元学习主题整理、编写的资料，兼具广泛性和聚焦性，使得原有的单元内容，变得有厚度、有张力。

二、课上品读内容

这部分内容兼顾教材内容和学生学情，我们选择一些课时，设计课时导学单（导学单将在第四章具体介绍），每份导学单都有1~2个有意义、有探究价值的问题，学生选择一个问题，进行独立或合作研究，完成后呈现出来的数学素材将作为课上品读的内容。

（一）搜集整理形成的数学知识

如"比例尺"一课学习之后，将学生搜集整理的数学知识，在比例尺的应用课上和同学们进行交流。

比例尺

比例尺是表示图上一条线段的长度与地面相应线段的实际长度之比。公式为比例尺＝图上距离∶实际距离。比例尺是一个比，不带计量单位。

比例尺通常有三种表示方法。

（1）数字式。用数字的比例式或分数式表示比例尺的大小。例如地图上1厘米代表实际距离500千米，可写成1∶5000万或写成1/5000万。

（2）线段式。在地图上画一条长1厘米的线段，并注明地图上1厘米所代表的实际距离。

（3）文字式。在地图上用文字直接写出地图上1厘米代表实际距离多少千米，如：图上1厘米相当于地面距离500千米。

一般地图用到的是缩小比例尺，缩小比例尺的分子（前项）通常为1，如1∶100。地图按比例尺分为大比例尺地图、中比例尺地图、小比例尺地图三类，用于区别地图内容详略、精度高低、可解决问题程度，是人们常用的一种分类方法。鉴于各个国家、国内各个部门对地图精度的要求和实际使用的情况不尽相同，因而对地图比例尺大小的分类有所不同。在建筑和工程部门，地图按比例尺划分如下，大比例尺地图指比例尺为1：500、1：1000、1：2000、1：5000和1：1万的地图；中比例尺地图指比例尺为1：2.5万、1：5万、1：10万的地图；小比例尺地图指比例尺为1：25万、1：50万、1：100万的地图。

一些精密零件的图纸，一般要用到放大比例尺。放大比例尺的分母（后项）通常为1。分子越大，比例尺就越大，内容也越详细，精度越高。如原长度为1厘米的零件，画在图纸上为10厘米，则这幅图的比例尺为10：1。

又如"百分数的意义和读写"一课学习之后，将学生搜集整理的数学知识，在百分数的意义练习课上和同学们进行交流。

百分数的认识

最近，我们在学习百分数的相关知识，有的同学对百分数的意义感到有些疑惑。如果回顾我们认识数的过程，或许你会有新的发现。

在二年级的时候，我们知道了：

（1）一根绳子长5米。（5米是一个具体的长度）

（2）长绳的米数是短绳的4倍。（4表示两个量之间的倍数关系）

到了三年级，我们初步认识了分数和小数，知道了如果绳子的长度不是整米数时，可以用小数或分数表示。

（1）一根绳子长1.7米。（1.7米是一个具体的长度）

（2）一根绳子长$\frac{7}{10}$米。（$\frac{7}{10}$米是一个具体的长度）

到了五年级，我们进一步认识了分数，知道了两根绳子的长度比较，还可以换一种说法。

（1）长绳的米数是短绳的4倍，还可以说成：短绳的米数是长绳的$\frac{1}{4}$。（$\frac{1}{4}$表示两个量之间的倍比关系）

现在六年级了，我们刚刚认识了百分数，表示一个数是另一个数的百分之几的数叫做百分数。显然，百分数也可以用来表示两个量之间的倍比关系，因此短绳的米数是长绳的$\frac{1}{4}$，还可以说成：短绳的米数是长绳的25%。

总结一下：

(1) 如果要表示具体的量,可以用整数、小数或分数来表示。如:

一堆石子重 5 吨。

丁丁的体重是 31.5 千克。

一包饼干重 $\frac{1}{4}$ 千克。

(2) 如果要表示两个量之间的倍比关系,可以用整数、分数或百分数来表示。如:

石子的重量是黄沙的 3 倍。

丁丁的体重是当当的 $\frac{7}{10}$。

丁丁的体重是当当的 70%。

(3) 分数既可以表示具体的量,如:一根绳子长 $\frac{7}{10}$ 米;也可以表示两个量之间的倍比关系,如:短绳的米数是长绳的 $\frac{1}{4}$。而当分数表示两个量之间的倍比关系时,这样的倍比关系也可以用百分数来表示,如:短绳的米数是长绳的 25%。

这一类品读内容,与课前泛读整理的资料有所不同。课前泛读整理的资料以学生学习单元之前的已有知识为基础,以了解和拓宽为主;课上品读整理的资料,其阅读是学生在学习新知识之后进行的,以整合和拓展为主。

(二) 源于生活经验的数学素材

如"商的近似值"一课,学生找寻到的生活素材。

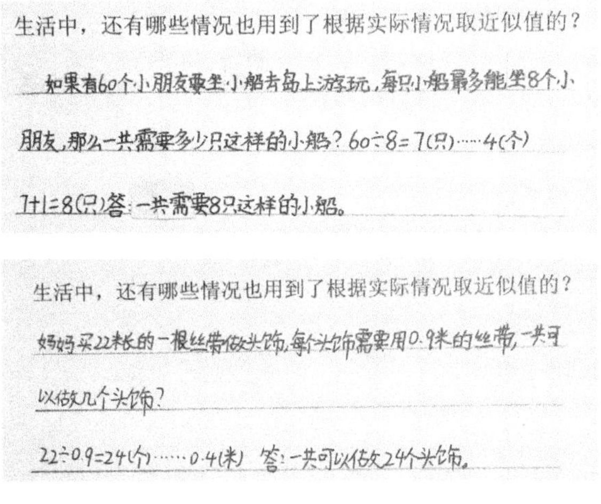

生活中,还有哪些情况也用到了根据实际情况取近似值的?

如果有60个小朋友要坐小船去岛上游玩,每只小船最多能坐8个小朋友,那么一共需要多少只这样的小船? 60÷8=7(只)……4(个)

7+1=8(只) 答:一共需要8只这样的小船。

生活中,还有哪些情况也用到了根据实际情况取近似值的?

妈妈买22米长的一根丝带做头饰,每个头饰需要用0.9米的丝带,一共可以做几个头饰?

22÷0.9=24(个)……0.4(米) 答:一共可以做24个头饰。

图 3-4

学生在生活中找寻"用除法计算并且有剩余"的情况，正是有了基于生活素材对这类除法问题的理解，可以让学生更好地去自主建构"进一法""去尾法"以及"四舍五入法"的数学模型，并能在实际问题中正确灵活运用。

又如"2和5的倍数"一课，学生找到的生活原型。

（1）生活中，你见到过什么物品是2个2个数的（图3-5）？

图3-5

（2）生活中，你见到过什么物品是5个5个数的？

生活中有很多"2个2个数""5个5个数"的例子，学生熟悉又亲切。课上的学习，由此出发，数一数、比一比、想一想，学生自主产生2和5的倍数特征的猜想，并用举例、推理等方法来证明，使学习研究活动走向深入。

这一类品读内容与学生的生活紧密结合，从学生的生活经验出发，激活学生新知识学习的最近发展区，激发学生的学习兴趣和探究积极性。老师能从学生呈现的资料中，较为准确地把握学生学习的起点，同时把这些素材作为学生新知识的生长点，由此组织学习活动。

（三）自主探究过程的数学记录

如"比例尺"一课，学生自主探索求比例尺的方法（图3-6）。

图3-6

(2) 例 6 中这幅图的比例尺是（ 1:1000 ），
我感悟到求一幅图的比例尺，可以分为三个步骤：
一是统一成相同（ 长度单位 ），
二是写出对应的（ 图上 ）距离与（ 实际 ）距离的比，
三是（ 化简比 ）。

这幅图的比例尺：
10km = 10000m = 1000000cm
2.5 : 1000000 = (2.5×10) : (1000000×10)
= 25 : 10000000
= (25÷25) : (10000000÷25)
= 1 : 400000

图 3-6（续）

例 6 要求学生写出两个比，并且比的前项是图上距离，比的后项是实际距离，学生已有了长度单位换算、比的意义、化简比等知识基础，可以独立完成该问题。学生通过自主阅读书本，体会、感悟比例尺的意义、求一幅图的比例尺的方法，培养自主学习力。

又如"圆的周长"一课，学生自主探索测量圆的周长、求圆周率的方法（图 3-7）。

图 3-7

有的学生采用滚动法，借助地砖上的直缝、卷尺，测量自行车车轮一周的长，再根据已知的车轮直径，计算出圆周率的近似值；有的学生采用绕线法，通过先围一圈，后拉直测量，得到树干一周的长，再借用尺子测量出树干的直径（图 3-8），进而得到圆周率的近似值。学生把研究的过程用视频记录下来，再用图表的方式记录研究的结果。

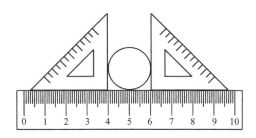

图 3-8

这一类品读内容,是在课时导学单问题的引领下,由学生自主探究呈现的结果。有正确的、不完整的,甚至还有错误的。这些学生作品,就是在课堂上组织学生进行讨论、辨析的教学资源。通过对比和分析,学生进行充分的表达和交流,去纠正和完善,进而从模糊到清晰,得出结论。

（四）知识回顾梳理的思维导图

《因数与倍数》单元的概念非常多,而且比较抽象、难理解。关于因数有找一个数的因数,质数和合数,质因数与分解质因数;关于倍数有找一个数的倍数,2、5和3的倍数的特征,奇数和偶数等。另外,还有公因数与最大公因数、公倍数与最小公倍数等。只有理解了这些概念以及它们之间的联系,才能用因数和倍数的相关知识来解决实际问题。《因数与倍数》单元学习之后,学生完成了如图 3-9 所示的思维导图。

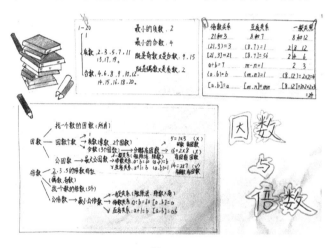

图 3-9

这份思维导图,抓住了"因数""倍数"这两个知识链的起点,将众多知识点串连起来,并将"质数与合数"以及"最大公因数与最小公倍数"这两个难点进行梳理,使知识结构一目了然,有助于学生理解性记忆。

《长方体和正方体》单元是学生从平面图形到立体图形学习的重要内容,知识点比较多,但相互之间有着密切的联系。《长方体和正方体》单元学习之后,学生完成了如图 3-10 所示的思维导图,有助于知识结构化,有助于空间观念由二维向三维进阶,进而解决生活中的实际问题。

这份思维导图,从特点、棱长总和、表面积和体积四个方面展开,将长方体和正方体的区别和联系一一梳理,由点及线再到面,有助于学生运用知识,解决长、正方体的实际问题。

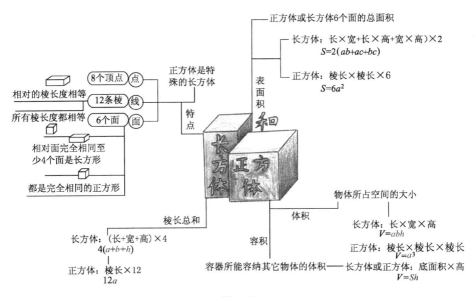

图 3-10

容量单位升和毫升在生活中有着十分广泛的应用,学生对升和毫升或多或少都有认识,但是这些认识都比较感性和模糊。学生可以知道一罐可乐约 300 毫升,但是他们难以感受 1 毫升、10 毫升、100 毫升、10 升、100 升等是多少,因此通过让孩子们课后收集资料并制作成数学小报,可以帮助他们有目的地去了解升和毫升的具体大小。《升和毫升》单元学习之后,学生完成了如图 3-11 所示的思维导图。

图 3-11

这份思维导图帮助学生对本单元知识要点进行了梳理,将"1 升"与"1 立方分米"建立了联系,还对生活中常见物体的容积进行了举例,进一步建立了"1 升"和"1 毫升"的表象，发展了学生的量感。

这一类品读内容，是学生在单元学习之后自主进行的知识梳理，由点到面、由面成体。有的思维导图不够完整、有缺漏，有的思维导图逻辑不对、有错误。但是这些都是进行单元复习"知识回顾与梳理"部分的学习资源，学生分块进行交流，可以补充、纠正思维导图的内容，进而形成并完善知识结构。

学生围绕一个课时呈现的课上品读内容，有以下特点：

一是探究性。对于研究的问题，学生具有主动研究的意识，可以读一读、做一做，再把研究的过程和结论以文字、图片、语音和视频的形式记录下来，培养探索解决实际问题的能力。

二是层次性。不同的学生，生活经验和学习基础是不同的，每个学生探究的过程也是不尽相同的，得到的结论有错、有对，有浅、有深，不管是哪一种，都带有学生喜爱的气息，都体现学生努力的过程。这样的层次性，让学生经历了知识的发展过程，丰富了课堂教学的资源。

三、课后续读内容

学生在新课学习的过程中，时常会产生一些新问题，在查找资料与探究实践的过程中，有所思、有所悟，会有一些新的发现，得到一些新的结论，整理出来就是一份值得一读的数学资料。

1. 课后续读内容分类

（1）思维拓展类。

如"三角形的面积"一课学习后，学生进行了后续的研究。

三角形面积公式的推广

我们已经知道了三角形的面积计算公式是：底×高÷2。如图所示的三角形，BC 长 14 厘米，AD 长 10 厘米，它的面积可以这样计算：$14×10÷2$。

现在，我们要对三角形 ABC 进行一些变形，"上下"拖动 D 点。这样，三角形 ABC 将变成四边形 $ABDC$。上下拖动的含义就是：保持 AD 和 BC 的互相垂直，这一点特别重要。四边形 $ABDC$ 有图 3-12 中的两种情况：中间的图形是凸四边形，右边的图形是凹四边形。

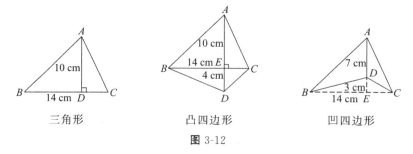

三角形　　　　凸四边形　　　　凹四边形

图 3-12

那么该凸四边形的面积为

$14 \times 10 \div 2 + 14 \times 4 \div 2$

$= 14 \times (10+4) \div 2$（依据乘法分配律）

$= 14 \times 14 \div 2$

该凹四边形的面积为

$14 \times (7+3) \div 2 - 14 \times 3 \div 2$

$= 14 \times (7+3-3) \div 2$

$= 14 \times 7 \div 2$

由此,我们可以发现:对角线互相垂直的四边形(包括凸四边形和凹四边形),其面积等于两条对角线乘积的一半,三角形是其中一种特殊情况。因此,我们可以将三角形的面积计算公式推广到对角线互相垂直的四边形,反过来也可以将三角形看作一个特殊的四边形,即图中的 D 点与 B、C 两点同线,面积公式保持不变。

又如"异分母分数加减法"一课学习后,学生进行了后续的研究。

分数变形记

做分数加法时,你留意过这样一个很熟悉的运算结果吗?$\frac{1}{3}+\frac{1}{6}=\frac{1}{2}$。

上面的等式,还可以写成:$\frac{1}{2}=\frac{1}{3}+\frac{1}{6}$。

请你思考一下这个问题:$\frac{1}{3}=\frac{1}{(\quad)}+\frac{1}{(\quad)}$。

利用分数的基本性质,可以进行下面的"变形":

$$\frac{1}{3}=\frac{3+1}{3\times(3+1)}=\frac{3}{3\times 4}+\frac{1}{3\times 4}=\frac{1}{4}+\frac{1}{12}$$

由此得到:$\frac{1}{3}=\frac{1}{4}+\frac{1}{12}$。

这种方法适用于任何单位分数。例如:取分母是 100 的单位分数,立刻可以写出:$\frac{1}{100}=\frac{1}{101}+\frac{1}{10100}$。

这里面隐藏着一个规律:用原有单位分数的分母 100 加上 1,得到 101,作为拆开后第一个新单位分数的分母;再拿新分母 101 和原分母 100 相乘,得到 10100,作为拆开后另一个新单位分数的分母。

聪明的小读者,你能试着填一填吗?$\frac{1}{8}=\frac{1}{(\quad)}+\frac{1}{(\quad)}$。

这一类续读材料,可以让学生从课堂学习获得的结论出发,研究一些相关变化，得出新的结论。内容上有拓展，思维上有提升，培养学生举一反三的能力。

（2）主题研究类。

如"2和5的倍数特征"一课学习之后，学生选择继续研究。

7的倍数特征

生活中有很多7个7个数的物体，如：一个星期有7天，一副七巧板有7块，一个七星瓢虫背上有7个点。它们的总数可能是7个、14个、21个、28个、35个……

7的倍数的特征是：若截去一个整数的个位数，再从余下的数中，减去个位数的2倍，如果差是7的倍数，则原数就是7的倍数。如果差太大或心算不易看出是否是7的倍数，就需要继续上述"截尾→倍大→相减→验差"的过程，直到能清楚判断为止。例如，判断133是否是7的倍数的过程如下：13－3×2=7，所以133是7的倍数；又例如判断6139是否是7的倍数的过程如下：613－9×2=595，59－5×2=49，所以6139是7的倍数。

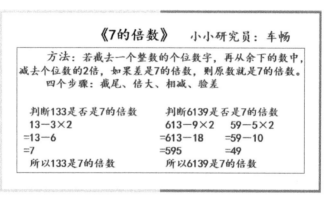

图3-13

又如"循环小数"一课学习之后，学生选择继续研究。

循环小数是否可以直接相加

我们来看一个循环小数相加的题目：求 $0.\dot{1}4285\dot{7} + 0.\dot{2}8571\dot{4}$。

这两个循环小数可以先分别化成分数 $\dfrac{1}{7}$ 和 $\dfrac{2}{7}$，显然它们的和是 $\dfrac{3}{7}$，化为循环小数就是 $0.\dot{4}2857\dot{1}$。那么，循环小数可不可以不化成分数，而直接相加呢？下面我们分几种情况来讨论。

（1）循环节相同的纯循环小数相加。

上面的例子正是这种情况，而结果 $0.\dot{4}2857\dot{1}$ 也可以通过两个循环小数的各位数字直接相加得到。

所以，一般地，对于这样的循环节相同的两个纯循环小数相加，我们都可以将小数点位置对齐后，模仿有限小数竖式加法进行相加。

（2）循环节位数不一致的纯循环小数相加。

例如，$0.\dot{4}\dot{3}+0.\dot{1}2\dot{3}$。首先，可以把 $0.\dot{4}\dot{3}$ 化为 $0.\dot{4}343\dot{3}$，把 $0.\dot{1}2\dot{3}$ 化为 $0.\dot{1}2312\dot{3}$，这叫作"循环节的扩充"。通过循环节的扩充，这两个循环小数的循环节位数就相同了，也就可以直接相加了。

$0.\dot{4}\dot{3}+0.\dot{1}2\dot{3}=0.\dot{4}3434\dot{3}+0.\dot{1}2312\dot{3}=0.\dot{5}5746\dot{6}$

（3）混循环小数相加。

例如，$0.3\dot{4}\dot{5}+0.1\dot{2}\dot{3}$。由于把小数点对齐后，这两个循环小数的不循环部分和循环节正好对齐，于是，可以模仿有限小数的竖式加法直接相加，结果为 $0.4\dot{6}\dot{8}$。

如果不循环部分及循环节没有对齐，该怎么相加呢？例如，$0.3\dot{4}\dot{5}+0.1\dot{3}$。首先，可以把 $0.1\dot{3}$ 化为 $0.1\dot{3}\dot{1}$，这叫作"循环节的重整"。通过重整，可以解决混循环小数直接相加的问题。

$0.3\dot{4}\dot{5}+0.1\dot{3}=0.3\dot{4}\dot{5}+0.1\dot{3}\dot{1}=0.4\dot{7}\dot{6}$

有时，我们既要使用重整，也要使用扩充，才能达到直接相加的目的。例如：

$0.3\dot{5}\dot{4}+0.4\dot{1}28\dot{3}=0.3\dot{5}4\dot{5}+0.4\dot{1}28\dot{3}$

$=0.3\dot{5}4545\dot{4}5+0.4\dot{1}2832\dot{8}3$

$=0.7\dot{6}7378\dot{2}8$

在做加法时，我们经常会碰到进位的问题，那么，循环节的首位相加需要进位怎么办呢？例如，$0.\dot{7}\dot{2}+0.\dot{4}\dot{3}$。得出的结果是不是 $1.\dot{1}\dot{5}$ 呢？

$0.\dot{7}\dot{2}+0.\dot{4}\dot{3}=\dfrac{72}{99}+\dfrac{43}{99}=1\dfrac{16}{99}=1.\dot{1}\dot{6}$

所以，遇到循环节首位相加需要进位时，循环节的末位也要进位。这个进位数可以看成是最后一循环节向前一循环节进位得到的。

循环小数也可以直接相减，有兴趣的同学可以上面的各种情况为例，自己探讨。

这一类续读材料，让学生从课堂学习获得的研究方法出发，研究新的类似的问题，采用举例、尝试、总结等方法，进而得出结论。这一类续读材料，学习方法上有迁移，知识上有拓展，可以培养学生自主探究的能力。

2. 课后续读内容特点

学生进行研究后呈现的课后续读内容，有以下特点：

一是挑战性。课后续读的内容，不管是内容上的拓展，还是方法上的迁移，都需要"跳一跳"才能"摘到果实"。有的学生经过努力，还是不能完成续读的内容，但是每一次的尝试，都是宝贵的经验积累。有的学生经过不懈努力，完成了很棒的续读内容，体验到了成功的快乐，对数学学习更加亲近了。

二是分享性。课后续读的内容，老师都会组织学生进行分享。领跑的学生会有一种自豪感，经过精心的准备，向小伙伴们作介绍，还会和大家进行互动，接受大家的质疑和提问。这样，领跑的学生会带动更多的小伙伴，一起加入到研究中来，感受数学的魅力。

从课前泛读内容、课上品读内容，到课后续读内容，数学"悦"读课程的内容具有连续性。同时，课后续读内容又接着课前泛读内容，形成一个教育闭环。

第四章
小学数学"悦"读课程的实施路径

1. 数学"悦"读课程内容怎样一一落到实处？
2. 数学"悦"读课程是怎样的？有一定的实践范式吗？

数学"悦"读课程内容的落实，在于悦读学习单的设计与实施，单元学习单、课时导学单和单元梳理单，让以单元为单位的阅读形成闭环；微信订阅号的创办与发布，让每一位小读者的阅读过程和成果，得到广泛的交流；悦读学习场的建立，让数学"悦"读在每一间教室、每一个家庭扎根和生长。

数学"悦"读课程的实施，无论是国家课程的渗透，还是校本课程的实施，都从切实改变学生的学习方式入手，学生主动阅读、自主探究、快乐分享，"悦读·生长"课堂有着不一样的精彩。

第一节 数学"悦"读课程内容落实

一、"悦"读学习单

数学"悦"读学习单是基于课程目标和内容精心设计的,以一个单元为单位设置,是学生记录资料阅读、发现问题、研究问题、得出结论的记录单,主要分为单元学习单、课时导学单、单元梳理单,呈"总—分—总"结构。设计悦读学习单,可以让教学过程可视化。

(一) 单元学习单

单元学习单,用于引导学生通读教材一单元的内容,一般有:本单元你最想学习的内容、你有哪些疑问、你最想研究的问题(包括研究过程和结论)、关于本单元内容你推荐阅读的数学小知识等,引导学生从整体上初步感知学习内容,并聚焦一个问题自主展开研究。如《千克和克》单元学习单:

《千克和克》单元学习单

请你通过浏览课本(第28~35页)、上网查找、请教他人等,完成下面的学习单:

1. 本单元,你最想学习的内容有:
_____

2. 阅读课本之后,你有哪些疑问?(写1~3个)

问题1:_____

问题2:_____

问题3:_____

3. 本单元,我最想研究的问题是:
_____

(1) 我的研究过程。
_____
_____

(2) 我的研究成果。

得到的结论:_____

记录的形式:_____

4. 千克和克在实际生产和生活中应用广泛,请把你搜集到的有关千克和克的小知识介绍给大家。

(1) 整理文字稿。

(2) 录制语音(2分钟左右)。

(3) 发送到老师邮箱。

文字稿:　　　　题目＿＿＿＿＿＿＿＿

＿＿＿＿＿＿＿＿＿＿＿＿＿＿＿＿＿＿＿＿＿＿＿＿＿＿＿＿＿＿＿＿＿

＿＿＿＿＿＿＿＿＿＿＿＿＿＿＿＿＿＿＿＿＿＿＿＿＿＿＿＿＿＿＿＿＿

＿＿＿＿＿＿＿＿＿＿＿＿＿＿＿＿＿＿＿＿＿＿＿＿＿＿＿＿＿＿＿＿＿

单元学习单落实了数学"悦"读课程课前泛读内容,主要有两个方面的内容。一是学生自主推荐的数学读物,源于教材内容之外,是学生个体阅读之后推荐给适合年级的小伙伴阅读的课外书,如《神奇的数学》(数学游戏类)、《数学世界历险记》(数学漫画类)、《DK儿童数学思维手册》(数学知识类)等。二是基于单元学习主题的资料,源于教材内容并有所拓展,如《负数的初步认识》单元负数的由来、《百分数》单元恩格尔系数等。另外,单元学习单还引导学生从整体上感知,对知识有一个初步的了解,为整个单元的学习做好准备,有备而来能让学习事半功倍。

(二) 课时导学单

课时导学单,用于引导学生再读教材一课时的内容,一般以1～2个问题来激活学生的生活经验和学习经验。有搜集整理形成的数学知识,如化简比和求比值的联系与区别、列举的策略学习思考等;有源于生活经验的数学素材,如生活中2和5的倍数、购物中的巧算等;有自主探究过程的数学记录,如我研究的圆周率、身份证中的秘密等;有知识回顾梳理的思维导图,如形影不离的因数和倍数、杂而不乱的多边形面积等。

如新授课"认识年、月、日"课时导学单:

"认识年、月、日"导学单

内容:数学课本第44～46页。

1. 找一找,比比谁的知识最丰富。

查找资料,你知道历法的由来吗?(可打印或录制语音)

2. 看一看，比比谁的眼睛最闪亮。

观察2014年年历，请你填一填。

月份												
天数												

你有好的办法能很快记住每个月的天数吗？（可录制视频讲解）

我的办法是：_____

3. 想一想，比比谁的知识面最广。

你知道哪些有意义的日子？把它写下来，并用一句话作简要介绍。（写2~3个）

_____

_____

图4-1是部分学生的完成情况。

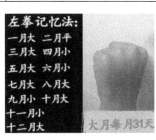

图 4-1

有了这份课时导学单的引领,学生认识年、月、日的过程,就是自主搜集、整理、阅读数学素材的过程。有用文字和语音的方式介绍历法的由来的;有把每个月的天数整理后,再通过查找资料、请教他人等方法,介绍记忆大月和小月的方法的;还有自己介绍有意义的日期的。

又如复习课《多边形的面积》复习课时导学单:

《多边形的面积》复习导学单

1. 回顾本单元的学习,主要有以下内容:
(1) _____
(2) _____
(3) _____
(4) _____
(5) _____

2. 你能试着把本单元的知识梳理并记录下来吗?(可以完成在反面或另附纸)
_____
_____

3. 你能根据这个单元的内容出几道题考考大家吗?(请附答案)
☆ _____
☆☆ _____
☆☆☆ _____

图 4-2 是部分学生的完成情况。

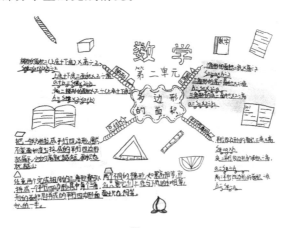

图 4-2

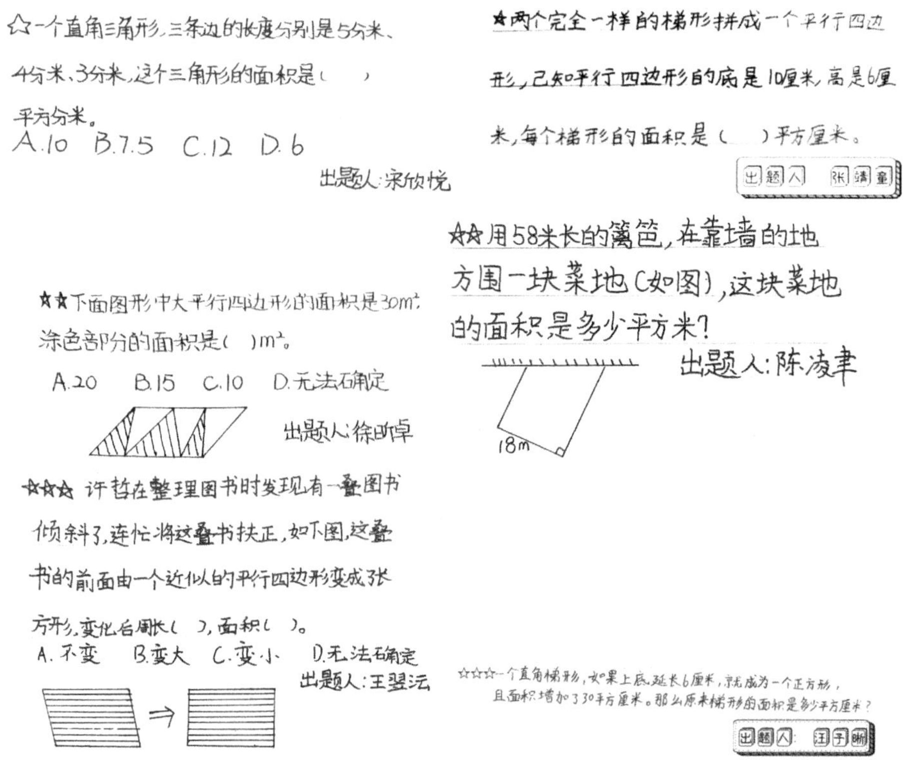

☆一个直角三角形，三条边的长度分别是5分米、4分米、3分米，这个三角形的面积是（ ）平方分米。
A. 10 B. 7.5 C. 12 D. 6
出题人：宋欣悦

★★下面图形中大平行四边形的面积是30m²，涂色部分的面积是（ ）m²。
A. 20 B. 15 C. 10 D. 无法确定
出题人：徐时卓

☆☆☆许哲在整理图书时发现有一叠图书倾斜了，连忙将这叠书扶正，如下图，这叠书的前面由一个近似的平行四边形变成长方形，变化的有周长（ ），面积（ ）。
A. 不变 B. 变大 C. 变小 D. 无法确定
出题人：王翌沄

★两个完全一样的梯形拼成一个平行四边形，已知平行四边形的底是10厘米，高是6厘米，每个梯形的面积是（ ）平方厘米。
出题人：陈镐童

☆☆用58米长的篱笆，在靠墙的地方围一块菜地（如图），这块菜地的面积是多少平方米？
出题人：陈凌聿

☆☆☆一个直角梯形，如果上底延长6厘米，就成为一个正方形，且面积增加了30平方厘米。那么原来梯形的面积是多少平方厘米？
出题人：汪子期

图 4-2（续）

这份课时导学单，分为知识梳理和巩固练习两部分。既有学生采用思维导图的方式梳理的知识结构，还有学生原创、改编或推荐的实际问题。这样，所有的复习素材都是学生整理、采集的，复习课上学生"站在教室的正中央"，专注听讲、热烈讨论，学习目标的达成度高。

又如活动课《数字与信息》课时导学单：

《数字与信息》导学单

1. 家庭成员大调查

家庭成员	出生日期	身份证号
爸爸		
妈妈		
我		

1 2 3 4 5 6 7 8 9 10 11 12 13 14 15 16 17 18

2. 身份证中的秘密

身份证作为用于证明持有人身份的一种法定证件，身份证号码中包含了丰富的信息。请大家结合收集的家庭成员信息，查找资料、请教他人，探寻身份证号中各部分的秘密，并将你的发现、疑问写下来。

发现：_____

_____

_____

疑问：_____

_____

3. 我是设计师

请你设计借书证的编号，让这张借书证的小主人，可以从一年级用到六年级。

图 4-3

图 4-4 是部分学生的完成情况。

图 4-4

通过这份课时导学单，学生从生活经验入手，展开了一场探索之旅。学生不仅探索了身份证 18 位编码各个部分的含义，还体会了编码的科学性、简洁性和唯一性。学生提出的问题，有的可以在课堂上解决，有的可以作为课后续读的内容。这份导学单中的第3题则是一个小小的应用,让学生尝试编写一个借书证上的编码。

又如阅读课"乘数101的奥秘"课时导学单:

"乘数101的奥秘"导学单

亲爱的同学,下面这篇文章是发表在《小学生数学报》上的,它是一个六年级的同学写的,请你读一读这篇文章。

乘数101的奥秘

《小学生数学报》上曾刊登过数学家陈省身爷爷送给小朋友的一句话"数学好玩,玩好数学"。相信很多同学有这样的疑问:数学怎么"玩"啊?其实,在我们日常的数学课堂上就有很多值得"玩一玩"的数学知识!

比如这样一道乘法计算题:$101\times56=$?很多同学第一想法是列竖式计算,如果仔细观察一下乘数,我们发现101比100多1,可以利用乘法分配律来计算:$101\times56=(100+1)\times56=100\times56+1\times56=5656$。如果你再耐心地"把玩"一下这道题,你会发现一个奇怪的现象——积只是把乘数"56"重复了一次。这是一个偶然现象吗?101乘其他的两位数也是这样吗?

让我们再举些例子看看吧!$101\times28=2828$,$101\times79=7979$……举了很多例子都是如此,101乘两位数就等于那个两位数写两遍,积一定是一个四位数。

为什么101乘两位数的积有这样的规律呢?以101乘78为例,用竖式来说明。

$$\begin{array}{r}101\\ \times\ 78\\ \hline 808\\ 707\ \ \\ \hline 7878\end{array}$$

乘数中间有0,而0乘任何数都等于0,所以从积的最高位起,第二位一定是两位数的个位,第三位一定是两位数的十位,这样积就出现了两位数重复一次的现象。

还可以用乘法分配律来说明:101乘两位数$\overline{ab}$,可以看成100个$\overline{ab}$加1个$\overline{ab}$,所以积的后两位一定与前两位相同。

那么101乘三位数是不是就等于这个三位数重复写两遍后变成六位数呢?乘数101的奥秘等待你继续去发现。

你看,这是不是越"玩"越有趣,越"玩"越开心呢!希望同学们都能和我一样体验到"玩"数学的乐趣!

(1)这篇文章,你读了(　　)遍,一共花了(　　)分钟。

(2)你觉得这篇文章的主要内容是:_____

_____

(3)101乘一个两位数的积有什么规律?

_____

（4）文章中，小作者是怎样来说明这个规律的？（101乘两位数的积）

_____

（5）计算下面各题。
202×13　　　　　　　　76×82+76×19

（6）读了这篇文章，你还想研究哪种乘法的计算规律？

_____

图4-5是部分学生的完成情况。

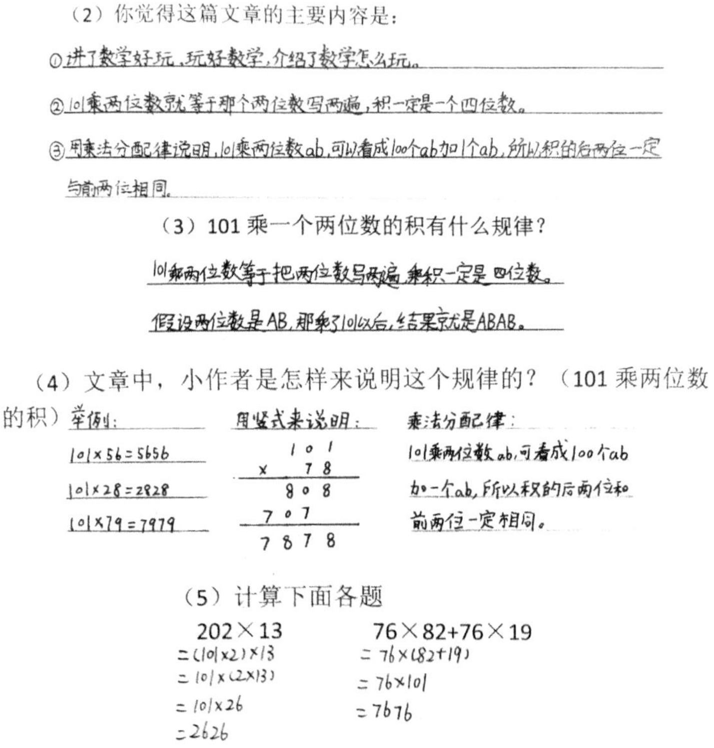

（2）你觉得这篇文章的主要内容是：
①讲了数学好玩，玩好数学，介绍了数学怎么玩。
②101乘两位数就等于把那个两位数写两遍，积一定是一个四位数。
③用乘法分配律说明，101乘两位数ab，可以看成100个ab加1个ab，所以积的后两位一定与前两位相同。

（3）101乘一个两位数的积有什么规律？
101乘两位数等于把两位数写两遍，乘积一定是四位数。
假设两位数是AB，那乘了101以后，结果就是ABAB。

（4）文章中，小作者是怎样来说明这个规律的？（101乘两位数的积）

举例：　　　　　用竖式来说明：　　　乘法分配律：
101×56=5656　　　　　101　　　　　101乘两位数，可看成100个ab
101×28=2828　　　×　78　　　　　加一个ab，所以积的后两位和
101×79=7979　　　　808　　　　　前两位一定相同。
　　　　　　　　　　707
　　　　　　　　　 7878

（5）计算下面各题
202×13　　　　　76×82+76×19
=(101×2)×13　　=76×(82+19)
=101×(2×13)　　=76×101
=101×26　　　　=7676
=2626

图 4-5

这份导学单，引导学生从"文章主题、问题结论、研究方法"三个方面来展开数学小论文的阅读，发展学生数学阅读的概述水平、理解水平和应用水平。引导学生边读边想、边想边做、边做边悟，体会数学阅读与语文阅读有相同——"不动笔墨不读书"，感悟数学阅读与语文阅读也有不同——从猜想到验证、从实践到结论、从结论到迁移。

课时导学单，落实了课上品读内容。无论什么课型的课时导学单，一般都有以下特点：

一是问题驱动。每一份课时导学单，都会聚焦几个有意义、有挑战的问题。这几个问题的选择和确定，从一开始由老师提出、师生合作、到最后由学生拟定，问题是学生想研究的，学生的探索欲被激发了，真正的学习开始了。

二是学生参与。课时导学单让学生主动学习，不受时间和空间的束缚，可以独立研究，也可以合作研究，学生研究的过程有茫然、困惑，也有成功的体验。这样的研究过程，对每一位学生来说都是一份独一无二的学习体验，学生增长知识的同时，也积累了学习的经验。

三是多元表征。学生研究的过程和结论，从随手画、随心记，到有条有理地表达，可以借助文字、图片、语音和视频等方式，让思维从无序走向有序，让思维从内隐走向外显。多元的表征也为课堂上的数学表达，做好了铺垫，打好了基础。

（三）单元梳理单

单元梳理单，用于引导学生自主回顾一个单元的学习过程。通过思维导图，梳理学习要点、建构知识体系；通过反思与评价，完善学习的过程、寻找进步的方向，感受成功的快乐。如：

《长方体和正方体》单元整理、反思与评价

【我的思维导图】

【反思与评价】

序号	评价内容	自我评价	（　）评价
1	概念理解能力：能够联系生活实际认识长方体和正方体的基本特征，知道面、棱、顶点、长、宽、高及棱长的含义，认识长方体、正方体的展开图，知道常用的体积（容积）单位。		
2	空间想象能力：能够初步建立 $1\ cm^3$、$1\ dm^3$、$1\ m^3$ 的空间观念，理解长度单位、面积单位、体积单位之间的联系与区别。		
3	阅读推理能力：能根据体积（容积）的意义，进行相邻体积单位的换算。		

备注：
1. 评价等级：5★为优秀、4★为良好、3★为及格、3★以下为不及格。
2. 最后一栏，可以是同学评价、家长评价或老师评价等。

单元梳理单的"反思与评价"部分,从数学阅读六个能力成分(第五章具体阐述)中选择三个,与数学基础知识、基本技能、基本方法和基本活动经验相结合,作为反思与评价的三个维度,引导学生发展数学阅读能力,提升数学学科核心素养。

单元梳理单落实了课后续读内容,一般有以下特点:

一是总结性。学生通过单元梳理单,对一个单元的知识进行梳理,将新知识纳入原有知识结构,形成新的知识体系;梳理的同时,学生自主进行查漏补缺,再通过有针对性的练习进行巩固。

二是延伸性。单元梳理的过程中,学生还能找到自己感兴趣的问题,继续进行阅读与研究。这个新问题的研究,可能是知识的拓宽和加深,也可能是学习经验和学习方法的迁移等。

单元学习单→课时导学单→单元梳理单,为学生以悦读的方式来学习数学提供了良好的基石,是数学"悦"读课程实施的重要基础。

二、微信订阅号

微信订阅号"数学悦读"的创办,是为了让学生能够不受时间和空间的束缚,可以听、可以看、可以做、可以挑战,以这样一种自由、自在、自主悦读的方式来进行数学学习活动。创办微信订阅号,让过程自主化。"数学悦读"内容的编写、发布,与学生的教材学习进度一致。三至六年级每个年级每周发布一期(由于低年级学生学习基础比较弱、学习经验比较少,暂未编写相关内容),由学生提供内容、老师协助编排完成。"数学悦读"微信订阅号,分为平时版和寒暑假版。

平时版每一期有四个栏目,分别是"数学知多少""新课加油站""动手做数学""思维大挑战"。下面以五年级下册第5期为例来具体介绍。

一是"数学知多少",主要来源于课前泛读内容和课后续读内容,学生结合正在学习的某个单元的知识,收集、整理资料,录制成2～3分钟的语音,介绍数学名家、数学趣闻、数学故事等。

图 4-6　　　　　　　　(农夫分牛语音)

"数学知多少"栏目,主要培养学生的信息收集与处理能力。学生收集到的资料很多,又有些杂乱,需要学生阅读之后挑选出有用的信息再进行整理。面对整理过程中有疑惑的地方,还会和其他同学进行交流,或请教家长和老师,最终确定素材。录制语音的时候,要选择合适的录音软件,在熟练朗读的基础上,还要注意语音语调,做到准确无误,往往要录制多遍才能成功。等到微信订阅号发布的时候,学生会邀请家人、同学一起听一听,这份喜悦是学生辛苦付出之后的回报。

二是"新课加油站",主要来源于课上品读内容,学生根据一周所学提出问题,通过数学"悦"读各个年级QQ群交流展示,老师选择其中的两个问题,制作PPT并录制微视频进行解答。在视频的后面,还有两个实际问题组成"我的加油站"。

"新课加油站"栏目,主要培养学生发现问题和提出问题的能力。根据学生提出的问题,老师结合一周所学的重点与难点,确定两个实际问题,通过制作PPT、录制视频进行解答。微信订阅号发布之后,学生可以反复观看,再结合后面的"我的加油站"中的实际问题加以巩固,一般有70%~80%的学生可以掌握相关知识点。

图 4-7　　　　　　　　　　　　　　　　　　(新课加油站视频)

三是"动手做数学",主要来源于课上品读内容,学生一般会从教材"动手做"栏目或课堂上、作业中的实际问题出发,推荐、改编或原创一个实际问题。"动手做数学"栏目,主要培养学生分析问题、解决问题的能力。动手又动脑,这样的学习方式,非常符合小学生的年龄特点和学习方式,让学生的数学智慧在指尖跳跃,一般30%~40%的学生可以独立完成。

四是"思维大挑战",主要来源于课后续读内容,学生推荐、改编或原创的实际问题，有一定的思维含量，需要"跳一跳，摘到果实"。"思维大挑战"栏目，主要培养学生的数学抽象、推理和建模等能力。面对这些实际问题，学生需要主动调动多个知识储备，再运用合适的方法，经过多次尝试、调整和顿悟，才能得出结论，一般30%～40%的学生可以独立解决这个栏目的问题。

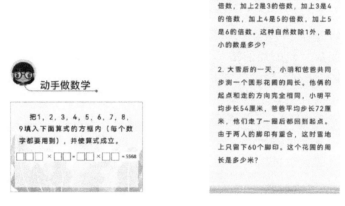

图 4-8

寒暑假版是专题性的，如和倍问题、流水问题等，每一期有两个栏目："智慧加油站"，是围绕一个专题展开的问题探究，以微视频的形式呈现；"思维大挑战"，是围绕这个专题进行的"夺星大比拼"，学生可以看看自己能达到几星级。这些专题性的研究，主要培养学生的自主学习力。学生通过看视频学习和思考，再试着挑战后面的实际问题，举一反三、触类旁通。如三年级暑假第3期《和倍问题》。

图 4-9

（和倍问题视频）

图 4-9（续） （和倍问题答案）

微信订阅号"数学悦读"的制作、发布，一般有以下几个步骤：

一是查找资料、整理素材。编写老师在学生的悦读学习单中找资料，在各个年级 QQ 群中找资料，在学生的作业反馈中找资料等，再结合一周所学，按四个栏目整理成文字稿。

二是录制语音、拍摄视频。编写老师将选出的"数学知多少"栏目的内容，发布在各个年级 QQ 群，第一个回复的学生成为小主播。小主播一般用手机上的录音机来录制语音，学生和老师共同进行两次校对。编写老师从学生提出的问题中选出两个实际问题，制作 PPT，一般用屏幕录像软件 Camtasia Studio 等来完成视频的录制、剪辑。

三是秀米制作、微信发布。编写老师用秀米制作图文并茂的每一期内容，再通过关联的微信订阅号同步到微信后台，在微信后台插入"数学知多少"栏目的语音和"新课加油站"栏目的视频，然后进行预览和调整，最后进行群发。

四是选取答案、二次发布。学生自主阅读微信订阅号"数学悦读"一次发布的内容之后，可以和其他同学、家长和老师进行交流，并将自己的阅读成果在各个年级的 QQ 群中展示。编写组的老师从中择优选出答案，在"我的加油站""动手做数学""思维大挑战"三部分的内容中，添加学生的阅读作品，在微信订阅号上进行二次阅读的发布。

"数学悦读"微信订阅号每一期的一次阅读和二次阅读制作、发布流程图如图 4-10 所示。

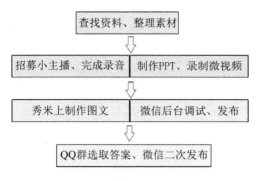

图 4-10

每个年级有两位负责的编写老师,每周二至周五,依次发布三年级至六年级的"数学悦读"。"一次阅读"是发布的新内容,学生听语音、看视频、动手做、迎挑战;"二次阅读"是编写老师对学生一次阅读后的分享进行挑选后发布的阅读成果。如三年级寒假第 1 周二次阅读。

图 4-11

二次阅读主要培养学生的数学表征能力和数学表达能力。对于一些实际问题,学生有多种解答方法,我们会一并发布,让学生通过阅读进行比较、互相学习。有的学生还会将自己的阅读成果拍成视频，俨然一个自信的"小老师"，有条有理、有模有样。

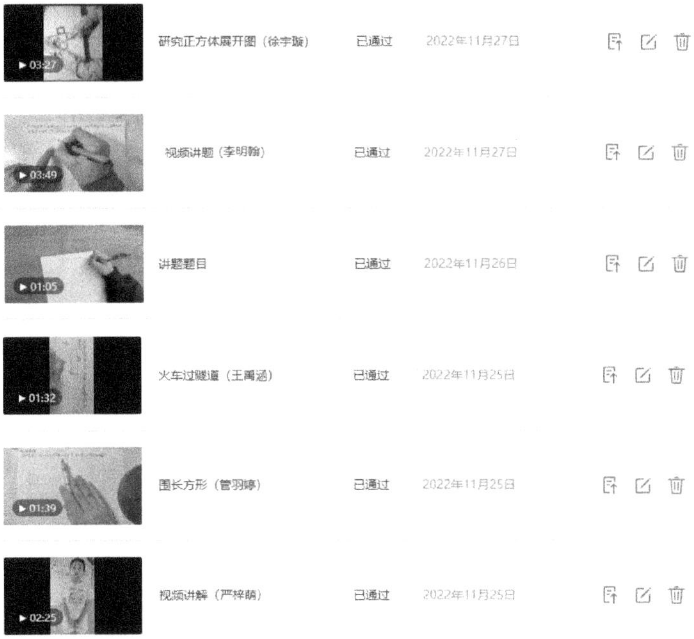

图 4-12

三、"悦"读学习场

"具身学习"是一种全身心参与、身心融合的多感官学习，它将"身体参与"置于学习活动的核心位置，追求身体与心智的整体性和一致性，强调知、情、意、行的和谐统一。学习是具身性的活动，只有让学生亲身去经历、去探索和去体验，才称得上是学习。学生具身学习是以"让身体动起来"为出发点，强调身体的参与认知，打开理解学习的一扇窗。具身学习与环境密切相关，我们开辟了数学"悦"读实地学习场和虚拟学习场。开辟悦读学习场，让过程场域化。

数学"悦"读实地学习场分为班级学习角和家庭学习角。班级学习角是借助图书角的位置，由学生放置并推荐数学读物，开展图书漂流活动；同时，学生每周不定时在班级学习角进行数学"悦"读的交流讨论。家庭学习角借助家里的书房或客厅，学生每周定时和家长进行数学"悦"读学习活动的交流。

图 4-13

数学"悦"读虚拟学习场，是按年级组建的 QQ 群，不同学校同年级的学生，都可以不定时和同学、家长、老师进行交流，可以推荐好书、讨论问题、展示成果等。"数学悦读"微信订阅号编写素材就从各个 QQ 群采集。

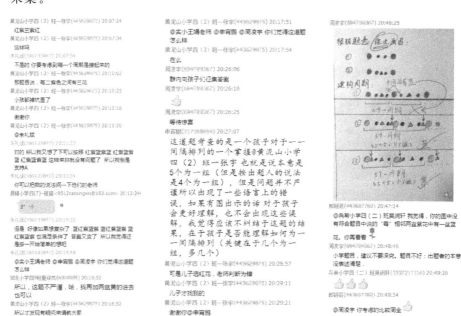

图 4-14

通过悦读学习单、微信订阅号和悦读学习场等，落实数学"悦"读课程内容，助推学生数学关键能力的培养。

（1）单元主体性材料阅读，助推信息收集和处理能力的培养。

收集信息的能力是指通过各种方式获取所需要的信息的能力，是信息得以利用的第一步，也是关键的一步。

关于数学"悦"读材料的收集，每个年级的指导老师会根据教材的单元设置，提前在 QQ 群做发布内容征集。

这样，一改以往的数学学习模式，同学们收到这份"邀请书"后积极行动起来，他们广泛地去查找、阅读数学教科书、辅导练习书、课外读物及网上资料等。在这个过程中，阅读是自主的、快乐的，收集信息的能力在不知不觉中培养起来。

处理信息的能力是指对信息进行筛选、分类、分析、综合，获得研究所需要的有效数据的能力，包括信息的分析、信息的整理、信息的运用及信息的交流四个部分。

图 4-15

学生或独立、或和同学合作、或请家长协助，收集了与这个单元内容密切相关的素材后，还会思考：如果我当小主播，小伙伴们最喜欢哪个材料？小伙伴们能不能帮助我解答我的疑问？我推荐的好题，小伙伴们能不能解答出来？

请看同学们的响应。

在学习"间隔排列"时，三年级小朋友推荐了"回文诗和镜反数"，作为"数学知多少"的内容。

一个四年级的学生，在学习《两、三位数乘两位数》单元"倍的认识"后推荐和倍问题、差倍问题，作为"思维大挑战"的素材。

学生通过QQ群对搜集到的素材进行推荐和广泛的交流。对老师来说，了解学生的学习起点、疑惑之处及希望挑战的难题等之后，编写的数学"悦"读就能更加受到小读者的欢迎；对学生来说，这个过程就是信息再加工的过程，培养了处理信息的能力。

（2）课时导学性材料阅读，助推数学建模能力的培养。

数学教学其实就是模型教学。学生通过自我建构的认知，在具备数学知识基础的情况下，利用数学思维思考和解决问题，不断接纳新的问题，积累解决问题的策略，通过将生活中的问题原型简化成数学问题，建立可以反复应用的数学模型，这是获得数学能力的基本方法，也是学习数学、解决问题的关键能力。

在新课学习之前，学生通过阅读数学课本独立完成课时导学单，帮助学生在生活情境中发现数学问题，自主尝试建立模型，进而解决实际问题。

例如"比例尺"课时导学单。

图 4-16

学生在自主阅读课本后，归纳出比例尺的含义、求一幅图的比例尺的方法，并尝试求出一幅图的比例尺。

课时导学单还可以帮助学生从实际生活中找寻数学问题，尝试着将自己初步建立的数学模型应用到新问题的解决中去。

例如"商的近似值"课时导学单。

图 4-17

学生完成情况如图 4-18 所示。

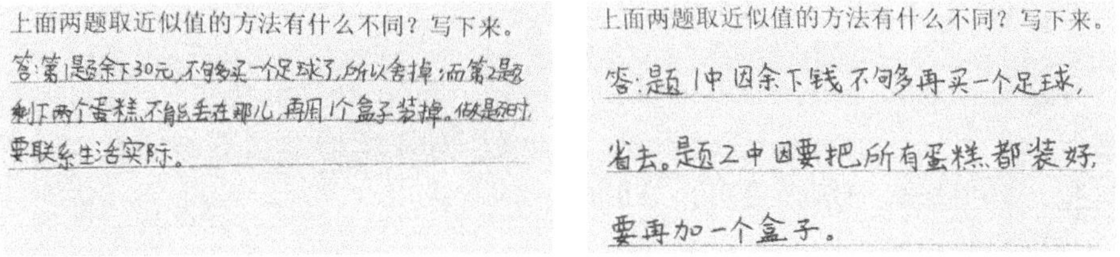

图 4-18

学生通过解决实际问题，再进行比较分析，能具体地描述出："余下 30 元，不够买一个足球了""省去"等，初步建立了"去尾法"的数学模型；"剩下两个蛋糕不能丢在那儿，再用 1 个盒子装掉""要再加一个"等，初步建立了"进一法"的数学模型。

对于初步建立的数学模型，学生能尝试着应用到生活中的实际问题中，有的学生能描述应用的生活情境，有的学生还能举例检验数学模型。

这样的导学单，可以让老师更好地了解学生的学习起点，以及数学建模能力，及时调整教学预案。

（3）课后拓展性材料阅读，助推问题解决能力的培养。

数学问题解决能力是指学生从具体的情境出发，借助已有经验发现数学问题，自主提出问题，生成再生经验，在分析问题和解决问题中形成概括性经验，从而形成解决问题的经验图式。

例如"分数的初步认识"一课中，我们从学生推荐的好题中编写了这道题。

比较大小：$\dfrac{1}{4} \bigcirc \dfrac{1}{6}$，你能想办法说明比较的方法吗？

正所谓"三个臭皮匠顶个诸葛亮"，孩子们有的画图、有的描述、有的概括。解决问题的过程，也是学生问题解决能力得到培养的过程。

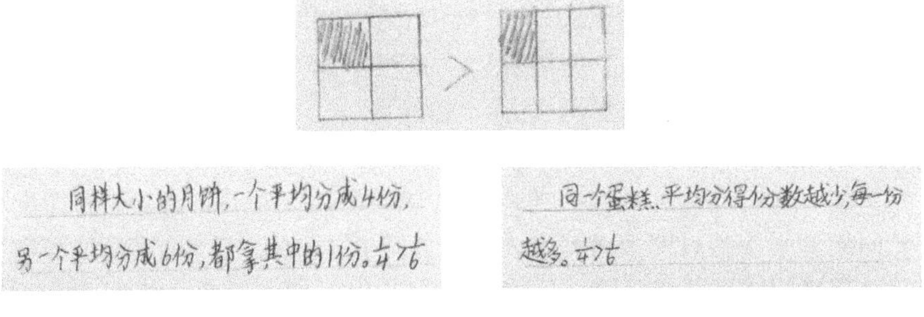

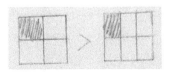

图 4-19

再如《分数乘法》单元,有学生推荐了这一题。

计算:$\dfrac{1}{2\times3}+\dfrac{1}{3\times4}+\dfrac{1}{5\times6}\cdots\cdots+\dfrac{1}{2017\times2018}$。

这是奥数学习中《分数运算中的技巧》章节的"裂项法",题目是好题,可是怎样让学生愿意接受挑战,而且引导学生借助已有经验发现数学问题,自主提出问题生成再生经验呢?

我们的编写老师是这样修改的。

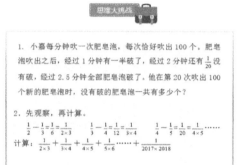

图 4-20

学生看到这个问题之后,首先会根据已有经验,选择把各个分母计算出来,再通分计算,很快学生会发现"此路不通"。学生带着新产生的问题继续思考,把各部分写成两个分数相减的形式,再把各部分相加,发现拆开后的一些分数可以互相抵消,很简便地得到了计算结果,成功的体验让孩子们非常开心。学生在分析问题和解决问题的过程中形成概括性经验,从而形成解决问题的经验图式。

第二节 数学"悦"读课程实践范式

数学"悦"读课程的实施采用"两条腿走路"的方式:一是国家课程的渗透,包括数学新授课、复习课;二是校本课程的实施,包括数学阅读课、活动课"数学全攻略"等。

一、新授课:导学先行,探究新知

课前,老师围绕一个课时的内容设计导学单,提出1~2个有探究价值的问题。学生通过阅读教材、查找资料等,开展研究活动,把过程和结论记录下来完成导学单。课上,老师引导学生互读导学单,组织学生对搜集整理形成的数学知识、源于生活经验的数学素材、自主探究过程的数学记录等展开交流,学生修改、纠正和完善自己的研究,进而得出结论或解决问题。单元学习单中,学生查看自主推荐的数学读物、基于单元学习主题收集的数学资料,选择与本课时相关的内容,通过"数学知多少"环节进行分享。学生得出结论的同时又产生新的问题,课后进行主题式延伸悦读材料的阅读,继续研究探索。其模型范式如图 4-21 所示。

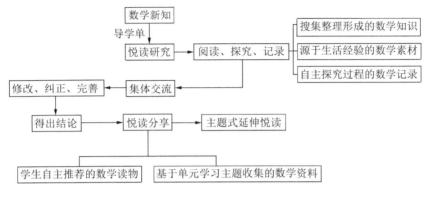

图 4-21

下文介绍我在 2021 年 3 月昆山市名师工作室(一室)教学研讨活动中的公开课"2 和 5 的倍数特征"一课的教学。

"2 和 5 的倍数特征"导学单

1. 我的出发之地

我想研究的是(　　)

A. 2 的倍数的特征　　　　B. 5 的倍数的特征

2. 我的研究之旅(表 4-1)

表 4-1　2 和 5 的倍数特征研究

"2 的倍数的特征"研究	"5 的倍数的特征"研究
(1) 生活中,你见到过什么物品是 2 个 2 个数的?(可以写一写、画一画)	(1) 生活中,你见到过什么物品是 5 个 5 个数的?(可以写一写、画一画)
(2) 这些物品的总个数可能是几个?(至少写出三个)	(2) 这些物品的总个数可能是几个?(至少写出三个)
(3) 你认为 2 的倍数有什么特征?	(3) 你认为 5 的倍数有什么特征?
(4) 为什么 2 的倍数有这样的特征呢?(想办法表达出你的思考)	(4) 为什么 5 的倍数有这样的特征呢?(想办法表达出你的思考)

3. 我的阅读之行

关于一个数的倍数的特征，我通过阅读课本、查找资料、请教他人等，有一些研究发现想和大家分享！（可以用文字、图片、语音、视频等形式记录下来，欢迎发送到老师的邮箱。）

"2和5的倍数特征"教学设计

【教学内容】苏教版《数学》五年级下册第32页例4及相应的练一练，练习五第5～7题。

【教学目标】

（1）学生经历探索2和5的倍数特征的过程，知道2和5的倍数特征，能根据特征判断一个数是不是2或5的倍数。

（2）学生在探索2和5的倍数特征的过程中，积累数学活动经验，进一步培养学生的观察、比较、分析及推理能力。

（3）学生在学习活动中，培养主动思考学习的意识，发展与他人合作交流的能力，体验数学学习的乐趣。

【教学重点、难点】

重点：学生自主探索2和5的倍数特征。

难点：根据数的组成，推理得出2和5、4和25、8和125的倍数特征。

【教学过程】

一、开门见山，谈话导入

（1）师：在《因数和倍数》单元学习单中，有同学提出了这样的疑问：2和5的倍数特征是怎样的？为什么会有这样的特征呢？

（2）今天我们就一起来研究《2和5的倍数特征》。（揭示课题）

二、自主探究，学习新知

（一）过渡

课前，第3小组的同学和老师一起设计了"导学单"，从寻找特征到实验验证，有的同学研究了2的倍数特征，有的同学研究了5的倍数特征。我们一起来交流一下。

（二）5的倍数特征

1. 生活举例

（1）生活中，你见到过什么物品是5个5个数的？（可以写一写、画一画）

学生作品1：画了一个手掌有5个手指。

学生作品2：画了奥运五环有5个圈。

追问：请你以手掌为例，带大家5个5个数，一直数到50。

小结：这样数都是5的倍数。

(2) 这些物品的总个数可能是几个？（至少写出三个）

学生作品3：5，10，15，20，25……我用了数一数的方法。

学生作品4：一个5是5，两个5是10，三个5是15，四个5是20，五个5是25。

追问：你是怎么知道的？（数出来的，5分别乘1、乘2、乘3……）

这里1个5是5，4个5是20，合起来25是5的倍数吗？

小结：5的倍数和5的倍数合起来还是5的倍数。

2. 观察比较，提出猜想

你认为5的倍数有什么特征？

学生作品5：末尾只能是0或5。

学生作品6：5的倍数个位不是0就是5。

3. 同步练习：书本第35页第5题

追问：58不是5的倍数，你是怎么知道的？（方法1：计算；方法2：看个位）

哪种方法比较简便？

(三) 2的倍数特征

1. 生活举例

(1) 生活中，你见到过什么物品是2个2个数的？（可以写一写、画一画）

学生作品7：画了一双手有2只，一副手套有2只，一双筷子有2根。

学生作品8：画了一双鞋子有2只，一双袜子有2只。

追问：请你以筷子为例，带大家一起2个2个数，一直数到30。

小结：这些数都是2的倍数。

(3) 这些物品的总个数可能是多少个？（至少写出三个）

学生作品9：2，4，6，8，10，12……我数过的。

学生作品10：2个，4个，6个，8个，10个等，比如买手套：买一副 $2×1=2$，买2副 $2×2=4$，买三副 $2×3=6$ 等。

追问：30是2的倍数，你是怎么知道的？41是2的倍数吗？

2是2的倍数，40是2的倍数，那么合起来42是2的倍数吗？

小结：1个2和20个2合起来是21个2，42还是2的倍数。一个数是2的倍数，另一个数也是2的倍数，它们的和也是2的倍数。

2. 观察比较，提出猜想

你认为2的倍数有什么特征？

学生作品11：都是双数。

学生作品 12：个位上是 2，4，6，8 或 0。

3. 同步练习：课本第 33 页练一练第 1 题

（四）验证与拓展

你能想办法验证自己的猜想吗？为什么 2 的倍数有这样的特征呢？（想办法表示出你的思考）

（1）举例验证。

学生作品 13：$26 \div 2 = 13$　　$38 \div 2 = 19$　　$14 \div 2 = 7$
　　　　　　　$12 \div 2 = 6$　　$50 \div 2 = 25$　　$84 \div 2 = 42$

学生作品 14：$125 \div 5 = 25$　　$130 \div 5 = 26$　　$121 \div 5 = 24 \cdots\cdots 1$

（2）推理验证。

学生作品 15：因为 2 本身就是一个双数，双数加双数也是双数，所以双数的几倍也是双数。

学生作品 16：5 的单数倍尾数一定是 5，5 的双数倍尾数一定是 0。

学生作品 17：因为一位的双数（0，2，4，6，8）都是 2 的倍数，在它们的前面加若干位都是 2 的倍数。如：$10 \div 2 = 5$，$22 \div 2 = 11$，$34 \div 2 = 17$，$46 \div 2 = 23$，$58 \div 2 = 29$ 等。因此，我发现：所有双数都是 2 的倍数。

学生作品 18：5 和 10 是 5 的倍数，而任意一个自然数都可以用几个 10 加几表示，所以说十位及以上我们不用管，只要数的个位是 5 的倍数就行，那么个位就要是 0 或 5。

师：下面我们借助数的组成，看看能不能把这两位同学的想法，表述得更清楚？

出示：$386 = 3 \times 100 + 8 \times 10 + 6 \times 1$
　　　　$5386 = 5 \times 1000 + 3 \times 100 + 8 \times 10 + 6 \times 1$
　　　　$\overline{abcd} = a \times 1000 + b \times 100 + c \times 10 + d \times 1$

师：根据数的组成，你能说说为什么判断一个数是不是 2 和 5 的倍数，只要看它的个位？指名回答，得出：几个千、几个百和几个十一定是 2 或 5 的倍数，所以，判断一个数是不是 2 或 5 的倍数，只需要看它的个位。

（五）小结

在刚才的交流中，我们通过生活举例、观察比较，提出了自己的猜想；通过举例、推理等方法验证了猜想。

师：如果一个数是 2 的倍数，它是偶数。偶数有什么特征？
如果一个数不是 2 的倍数，它是奇数。奇数有什么特征？

（1）你能用这样的方法，来研究 25 和 4 的倍数特征吗？（小组活动）

小组活动：
1. 通过数的组成，推理得出 25 和 4 的倍数的特征。
2. 举两个例子，先根据特征判断是不是 25 或 4 的倍数，再用除法竖式计算进行验证。

（2）你能用这样的方法，来研究 125 和 8 的倍数特征吗？（课后独立研究）

（3）小结：我们一起从寻找特征到实验验证，得到了 2 和 5 的倍数特征；借助数的组成，推理得到了 4 和 25 的倍数特征。收获真不少，来考考自己！

三、巩固练习，检验所学

1. 书本第 35 页第 6 题

选出两张数字卡片，按要求组成一个两位数。

0 5 6 7

图 4-22

（1）组成的数是偶数。（有序、不重复、不遗漏）
（2）组成的数是 5 的倍数。
（3）组成的数既是 2 的倍数，又是 5 的倍数。（特征：个位上为 0）

学生完成后，组织集体交流。

2. 书本第 36 页第 7 题

把表 4-2 中 4 的倍数涂色。看一看，4 的倍数都是 2 的倍数吗？

表 4-2 4 的倍数涂色

1	2	3	4	5	6	7	8	9
10	11	12	13	14	15	16	17	18
19	20	21	22	23	24	25	26	27
28	29	30	31	32	33	34	35	36

指名回答。（看个位；4 是 2 的倍数，4 的倍数一定是 2 的倍数）

补充：2 的倍数都是 4 的倍数吗？（举例）

四、全课总结，拓展应用

（1）师：说说本节课你的收获。

（2）师：同学们通过导学单上"我的阅读之行"，展开了新的研究。来看看这位同学的研究发现：数学知多少之 7 的倍数特征。

小结：查找资料、请教他人也是研究学习的好方法。

（3）师：你能用这样的方法来研究 3 的倍数特征吗？（课后阅读研究）

教学思考：

"2和5的倍数特征"是五年级下册《因数与倍数》单元的第2课时。学生已经初步认识了因数和倍数、会找一个数的倍数等，这是学生的知识基础；学生在生活中经常见到2个2个数、5个5个数的物品，这是学生的经验基础。本课时主要让学生经历探究2和5的倍数特征的过程，能根据特征判断一个数是不是2或5的倍数，发展学生的观察、比较、分析以及推理等能力。为后续学习3的倍数特征打好基础。

下面说说我在教学设计时的几点思考：

1. 学生已有的认知起点在哪里？

由于学生在日常生活中，对2个2个数、5个5个数已经有了比较丰富的体验和感知，因此对于2和5的倍数特征已经有了一定的感悟；同时，学生已经学习了单数和双数，因此对于奇数和偶数的认识也有了一定的基础。

由此看来，探索得出2和5的倍数特征、根据特征来判断一个数是不是2和5的倍数，达成这样的知识与技能目标，对学生来说难度不大（甚至对一部分学生来说，不学也会了）。

那么，本课时学生探究的价值是什么？思维向哪儿生长？经过对学生课前完成的导学单的梳理，我想可以把"通过数的组成，推理得出2和5的倍数特征"作为探究的重点，把"4和25的倍数特征"与"8和125的倍数特征"的探索作为思维生长的方向。

2. 推理能力培养的路径是怎样的？

通过教材分析、学情分析，我将本课时的教学目标之一确定为：发展学生的推理能力。

（1）由表及里，通过纵向研究发展推理能力。

生活中，你见到过什么物品是5个5个数的、2个2个数的？这些物品的总个数可能是几个？你认为5的倍数有什么特征？2的倍数有什么特征？在学生交流这几个问题之后，引导学生思考，为什么判断一个数是不是2和5的倍数，只要看它的个位？学生研究发现：偶数+偶数=偶数；5的偶数倍，个位上是0；5的奇数倍，个位上是5；2、4、6、8、10是2的倍数，在这些数的前面再添上1个数字，还是2的倍数，如：22÷2＝11，64÷2＝32等；5和10是5的倍数，任意一个两位数，都可以写成几个十和几个一，十位及十位以上的数都不用看，只要看个位上是不是5的倍数就行。这时，引导学生通过对386、5386，以及四位数$\overline{abcd}$数的组成理解，推理得出2和5的倍数特征。这样"由表及里"，通过知识上的纵向研究，发展学生的推理能力。

（2）由点及面，通过横向研究发展推理能力。

研究了2和5的倍数特征后，引导学生知其然，进而知其所以然。这是一个着力研究的点，并由此生发出去，研究4和25的倍数特征、8和125的倍数特征。

2和5的倍数特征的研究，采用学生独立研究、集体交流的形式展开，核心点在于根据四位数$\overline{abcd}$数的组成推理得出结论。有了这个基点，在研究4和25的倍数特征时，采用小组活动的形式。研究的过程是：根据四位数$\overline{abcd}$数的组成，初步推理得出结论；再举例用竖式计算进行验证。研究8和125的倍数特征时，则放手让学生自主研究。在课堂的最后部分，鼓励学生采用这样的方式，继续研究3的倍数特征，努力实现知识的螺旋式上升。这样，实现了学习方式上的"由扶到放"、研究内容上的"由点及面"，让学生通过知识结构上的横向研究，发展推理能力。

3. 合情推理与演绎推理怎样协调发展？

合情推理是从已有的事实出发，凭借经验和直觉，通过归纳和类比等推断某些结构。本节课中，学生通过"生活中，你见到过什么物品是5个5个数的、2个2个数的？这些物品的总个数可能是多少个？"等问题的研究和交流，归纳得出2和5的倍数特征；又通过四位数$\overline{abcd}$数的组成的研究，推断出2和5的倍数特征、4和25的倍数特征、8和125的倍数特征。这些学习活动，都是合情推理的过程。

演绎推理是从已有的事实（包括定义、公理、定理等）和确定的规则（包括运算的定义、法则、顺序等）出发，按照逻辑推理的法则证明和计算。在学生初步归纳出2的倍数特征后，安排同步练习"判断给出的数是奇数还是偶数"，引导学生从计算的方法判断，走向根据偶数的特征来判断；在学生初步归纳出5的倍数特征后，安排同步练习"判断给出的数是不是5的倍数"。在巩固练习部分，设计了"从数字卡片0、5、6、7中选出两张数字卡片，组成一个两位数既是2的倍数又是5的倍数"，巩固2和5的倍数特征的同时，引导学生发现：一个数既是2的倍数又是5的倍数时，它的个位是0。这些学习活动，都是演绎推理的过程。

这样，合理安排学习活动，让合情推理和演绎推理协调发展。

再如2021年11月，我在吴中区小学数学骨干教师培训活动中的公开课"角的度量"一课的教学。

"角的度量"导学单

一、我的"悦读之旅"

（1）量角器的使用说明书之"量角器各部分的名称"（请在图 4-23 中标注出来）。

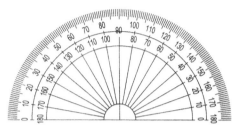

图 4-23

（2）关于量角器，我想和大家分享……（可以是文字、图片、语音或视频等形式，欢迎发送到老师的邮箱）

二、我的"研究之行"

（1）先画一个角，再做一个角，最后比比两个角的大小（可以用彩色纸、牙签、吸管等材料）。

（2）关于角的度量，我有这样的疑问：_____
_____

"角的度量"教学设计

【教学内容】苏教版《数学》四年级上册第 79～80 页例 3 和"练一练"，第 81 页第 5～6 题。

【教学目标】

（1）学生通过观察和交流，认识量角器，了解量角器的基本构造，知道角的计量单位，初步学会用量角器量角。

（2）学生在用三角尺上的角量角的过程中，产生统一角的度量工具和计量单位的需要；通过用量角器量角，进一步认识角的大小，初步形成角的大小的空间观念。

（3）学生在认识量角器和探索量角方法的过程中，获得学习成功的体验，进一步产生对数学学习的兴趣。

【教学重点、难点】

重点：认识量角器，学会用量角器量角。

难点：学生自主探索并得出用量角器量角的方法。

【教学过程】

一、谈话导入

1. 话题引入

今天我们一起来研究《角的度量》。课前，我们通过导学单，开启了"悦读之旅"：有量角器的说明书之"量角器各部分的名称"，有关于量角器的知识分享。还开启了"研究之行"：有角的大小比较、我的疑问等。

2. 长度单位复习

（1）今天，我们的研究从两根线开始。哪根长一些？

（2）可以怎样比较长短？

（3）你还想知道什么？（究竟有多长？）

（4）用尺测量要注意什么？

（5）你是怎么知道这根线长9厘米的？

小结：厘米是长度的计量单位，有几个1厘米就是几厘米。

二、探究新知

1. 比较角的大小

（1）这是同学们画的角，有大有小，形状不同。你知道角各部分的名称吗？

（2）同学们还利用各种材料制作了角。

（3）选取学生画的∠1和制作的∠2（图4-24），你能提出什么数学问题？

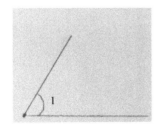

图 4-24

（4）谁来试着比一比它们的大小（指名演示）。

（5）总结比较的方法（表4-3）。

表 4-3 比较的方法

∠2	∠1	比较结果
顶点	顶点	重合
一条边	一条边	重合
另一条边	另一条边	看位置

2. 统一工具与计量单位

（1）如何知道这个角究竟有多大？你有什么办法？（量角器）

（2）同学们的疑问不少呢（出示问题）。

学生作品：

问题1：为什么量角器是半圆形的？

问题2：量角器的每一格是多少？

问题3：角的另一条边所对量角器的度数，是读外圈的数还是内圈的数？有什么办法让我们快速辨认呢？

问题4：还有其他方法测量角的大小吗？

问题5：我们学习角的度量有什么用？

（3）为什么测量角的大小要用量角器？其他工具可以吗？

（4）用三角尺上的3个角来比一比。（用不同的角来比，会得到不同的结果，看来需要统一的工具）

（5）刚才用三角尺上的30°角去比的时候，你能估一估有几个这样的角可以摆满？（2个）

（6）再小一点的角试试？（3个20°角）如果再小一点呢？

（7）这个更小一点的角是怎样的才合适呢？

（8）视频介绍（学生收集的资料）：1°角的介绍（计量单位），量角器的介绍。

3. 认识量角器

（1）出示名称，你能找到它们的位置吗？

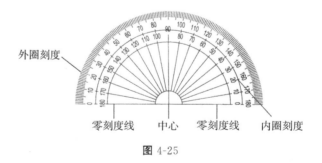

图 4-25

（2）学生来找一找：量角器的中心、零刻度线、内圈刻度、外圈刻度。

（3）学生在自己的量角器上指一指各部分的名称。

（4）知道了各部分的名称，你能读出角的度数吗？

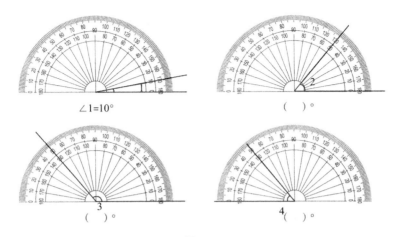

图 4-26

4. 测量角

（1）你能试着测量同学画的角吗？（60°）

（2）同桌交流测量的方法。

（3）集体交流，得出测量的方法（表 4-4）。

表 4-4　测量的方法

量角器	∠1	比较
中心	顶点	重合
零刻度线	一条边	重合
所对刻度	另一条边	看位置

追问：对照一下测量角的方法与比较两个角大小的方法，你有什么发现？

（4）试一试：你能试着测量同学画的角吗？（130°）

（5）用手的动作表示一下，估一估多少度？

（6）学生测量。

（7）交流：和刚才测量60°角的方法，有什么不一样的地方？

5. 小结

请你试着写一写量角器说明书。

学生交流，明确量角器各部分的名称及使用方法。

三、巩固练习

1. 过渡

刚刚同学们对个人完成的导学单中的"悦读之旅""研究之行"，进行了集体的交流、分享，你有什么感受？

2. 第一关

读出图 4-27 中每个角的度数，说说关键要注意什么？（从 0°开始，分清内圈还是外圈）

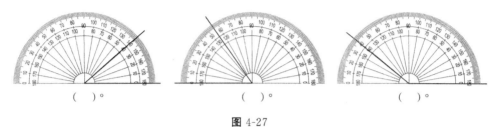

图 4-27

3. 第二关

量出图 4-28 中每个角的度数，说说你是怎么测量的？

图 4-28

4. 第三关

图 4-29 中的角大小相等吗？你有什么发现？

图 4-29

小结：角的大小和边的长短无关，和两边张开的大小有关，角的两条边是射线，可以无限延长。

四、全课总结

（1）学生说说收获。

（2）师：同学们回顾在导学单上提出的问题，看看哪些解决了？还没解决的问题，课后可以继续研究。

五、扩展延伸

（1）生活中的这些角度，你观察过吗？（运动的过程中，角的大小会变化）还有一些角的大小是固定的，你想了解吗？

（2）我们还能运用角的度量来解决实际问题：放风筝比赛中，在风筝线同样长的情况下，根据风筝线与地面的夹角，可以判断出谁的风筝飞得高。

▶ **教学思考：**

四年级上册《垂线与平行线》单元的教学难点之一：会用量角器量角，能画出指定度数的角。学生知识的起点是二年级角的初步认识中掌握的比较两个角大小的方法，同时要为后面认识三角形等平面图形及用方向和角度确定位置打好基础。

要想突破会用量角器量角这个难点，可以从以下几个方面入手。

（1）从认知冲突产生需要，建立角的度量单位。

角的大小的比较，学生已经有了观察法、重叠法等学习经验。学生对画的∠1和动手做的∠2进行比较，可以用重叠的方法得出结论。得出结论之后，教师追问这个角究竟有多大？引导学生用三角尺上的3个角分别去比一比，发现三角尺有的角比∠1大、有的角比∠1小、有的角和∠1一样大。这时学生就产生了比较强烈的认知上的冲突：比较对象的不同，会有不同的比较结果，很难描述清楚这个角究竟有多大，产生了需要一个标准量的认知需求。这个需求产生后，适时呈现学生收集的有关量角器的资料，重点介绍量角器的产生及1°的角。在这个过程中，学生借助导学单画角、做角，激活了角各部分的名称、比较角的大小方法等知识储备。

（2）以悦读的方式学量角，感悟角的度量方法。

学生通过阅读书本、查找资料、请教他人等方法认识量角器，并在导学单的量角器上一一注明其构成。课上，根据学生导学单反馈的情况，采用学生交流的方法，请领跑的学生当小老师，带着大家指一指、说一说，更加生动。

以读出角的度数的活动，引导学生感悟量角的方法。在初步认识量角器之后，出示一组角（左开口：10°、50°、130°；右开口：50°），引导学生读出角的度数。特别是后面3张图，以50°还是130°的选择、变式中的对比，引导学生在读不同角的度数的过程中，找到相同点，进而感悟量角的方法。这时，再出示学生画的∠1，请学生测量，水到渠成。

（3）两次对比中找联系，发展学生的量感。

第一次对比为线段的测量过程比较，引导学生回顾并明确：先找到合适的长度单位，再数出有几个该长度单位，为角的度量的学习做好铺垫。之后角的度量的学习中，也是先找到1°的角，再进行累加，看看有几个1°角。

第二次对比为比较画出的∠1和做出的∠2的大小，总结出：两个角的顶点对齐，两个角的一条边对齐，看另一条边的位置。借助量角器读角、量角的过程，得到量角的方法：角的顶点与量角器的中心点对齐，角的一条边与量角器的零刻度线对齐，看另一条边的位置。引导学生感悟用量角器量角与比较两个角大小的方法是一致的：一是顶点对齐，二是一边对齐，三是看另一边。

二、复习课：思维导图，练习巩固

课前，学生根据一个单元的内容，自主梳理完成思维导图，并就某一个知识点推荐、改编、原创几个实际问题。课上，老师组织学生交流、补充思维导图，形成知识结构；选择学生提供的实际问题，组成有梯度的一组练习，帮助学生巩固拓展；继续进行交流、分享和本单元有关的数学小知识。课后，围绕复习梳理中提出的新问题，学生继续进行主题式延伸悦读。其模型范式如图4-30所示。

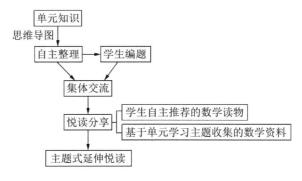

图 4-30

例如我在2020年6月江苏省第十三期中小学教学研究课题开题论证活动中的公开课"《因数与倍数》单元复习"一课的教学。

"《因数与倍数》单元复习"导学单

1. 回顾这个单元，我们都学了什么内容呢？

（1）请仔细回忆，逐一写下来。

_____

_____

（2）这些知识点之间有着密切的联系，你能试着把这些联系表示出来吗？（请另外附纸）

2. 你对其中哪个知识点特别感兴趣，试着收集、改编或原创问题来考考大家。（请在题目下方附上答案，课上会请你做评判或解答）

知识点：_____

★题：_____

★★题：_____

★★★题：_____

3. 你还知道和"因数与倍数"有关的哪些知识，想给小伙伴们介绍的？欢迎你通过文字、图片、PPT、语音或视频等形式来介绍，文字介绍可以抄写或打印后粘贴在下面空白处，其他形式的介绍可以发老师邮箱（以班级＋姓名＋主要内容为文件名）。

"《因数与倍数》单元复习"教学设计

【教学内容】苏教版《数学》五年级下册第 47～48 页"回顾与整理"以及"练习与应用"第 1～7 题。

【教学目标】

（1）学生进一步明确因数和倍数、质数和合数的含义，2、5、3 的倍数的特征，以及求两个数的最大公因数和最小公倍数等。学生回顾相应的探索发现过程，沟通相关知识和方法的内在联系，理清知识发生、发展的主要脉络，建立合理的认识结构。

（2）学生在回顾与梳理的过程中，培养观察、比较、分析和归纳的能力，感受一些简单的数学思想，进一步发展数感。

（3）学生在练习与应用的过程中，培养主动与他人合作交流的意识，获得数学学习成功的体验，增强对数学学习的自信心。

【教学重点、难点】

重点：学生自主梳理因数与倍数单元的知识，形成合理、完整的知识结构。

难点：学生能应用因数与倍数单元的相关知识，灵活解决一些实际问题。

【教学过程】

一、知识梳理

1. 谈话导入

这个单元，我们一起学习了因数和倍数的相关知识。课前，我们通过导学单，回顾了本单元学习的知识点，并用自己喜欢的方式，将这些知识点进行了整理。

2. 学生进行小组交流

3. 组织集体交流

（1）预设学习的知识点：找一个数的因数、一个数按因数的个数分类、质因数与分解质因数；找一个数的倍数、2和5的倍数特征、3的倍数特征；公因数与最大公因数、公倍数与最小公倍数。

（2）预设分版块梳理：

① 关于因数。

$3×4=12$，3和4都是12的因数，3还是质数，3是12的质因数。

一个数的因数，最小是1，最大是它本身，因数的个数是有限的。

7的因数：1，7。一个数只有1和它本身两个因数，这个数是质数（也叫素数）。

12的因数：1，2，3，4，6，12。一个数除了1和它本身还有其他因数，这个数是合数。

1的因数：1。1既不是质数，也不是合数。

分解质因数：$12=3×2×2$。

② 关于倍数。

$3×4=12$，12是3的倍数，12也是4的倍数。

一个数的倍数，最小是它本身，没有最大的倍数，倍数的个数是无限的。

2的倍数特征：个位上是0、2、4、6和8。

5的倍数特征：个位上是0或5。

3的倍数特征：各个数位上数字之和是3的倍数。

③ 关于公因数和公倍数。

12的因数：1，2，3，4，6，12。

18的因数：1，2，3，6，9，18。

12和18的公因数：1，2，3，6。

12和18的最大公因数：6。

12的倍数：12，24，36，48，60，72……

18的倍数：18，36，54，72，90……

12和18的公倍数：36，72，108……

12和18的最小公倍数：36。

5和10：$(5, 10)=5$，$[5, 10]=10$。

两数是倍数关系，两数的最大公因数是较小数，最小公倍数是较大数。

5和7：$(5, 7)=1$，$[5, 7]=35$。

两数是互质关系，两数的最大公因数是1，最小公倍数是两数的乘积。

10和15：$(10, 15)=5$，$[10, 15]=30$。

两数是一般关系，用短除法计算，两数的最大公因数是除数的乘积，最小公倍数是除数与商的乘积。

(3) 形成思维导图。

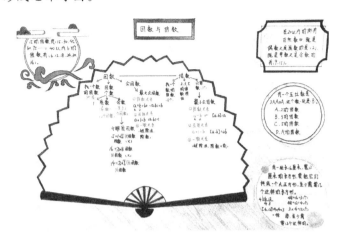

图 4-31

二、巩固练习

1. 谈话导入

课前，我们每个同学围绕一个知识点，推荐、改编或原创了一组习题，难度从一星、二星到三星，老师进行了挑选和整理。

2. 集体练习

（1）填空题。

40 以内 6 的倍数有_____。［出题人：刘颢昕］

一个数最大的因数是 20，这个数是_____，它有_____个因数。［出题人：夷程园］

果果一家去看篮球赛，座位号是三个连续的偶数，它们的和是 48。座位号分别是_____。［出题人：谭棋泽］

把 36 分解质因数：_____。［出题人：袁诗雅］

在 1～20 中，两个相邻的质数是_____，三个连续的合数是_____。［出题人：周纯怡］

从 1、5、6、7 中选出两个数字，组成的数是 3 的倍数的有_____。［出题人：汪沛文］

（2）判断题。

8 的倍数一定是 4 的倍数，4 的倍数也一定是 8 的倍数。_____［出题人：邢涵菲］

826 至少减去 1 是 3 的倍数，至少加上 4 是 5 的倍数。_____［出题人：陶春良］

45＝5×9，5 是 45 的质因数。_____ ［出题人：张曼祺］

（3）综合题。

一群小朋友做游戏，人数在 10 人以上、20 人以下。李阿姨拿了 32 颗糖平均分给他们，正好分完。这群小朋友有几个？［出题人：汤景颐］

小浩、小宇和小轩是好朋友，有趣的是他们的年龄正好是三个连续的自然数，且乘积是 504。你知道他们的年龄各是几岁吗？［出题人：王浩天］

三、拓展延伸

1. 启发提问

你还知道哪些和"因数与倍数"有关的知识，想给小伙伴们介绍的？（可以通过文字、图片、PPT、语音或视频等形式来介绍）

2. 王振宇同学介绍：完全数

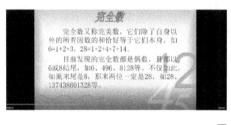 

图 4-32

3. 摸球游戏

（1）袋子里有一些球，每次摸出 3 个球，最后正好摸完。一共有 179 个球，对吗？

（2）袋子里有 18 个完全相同的球，每次摸出相同的个数（不能一个一个地摸，也不能一次摸完），最后没有剩余。每次可能摸出多少个球？

（3）你能试着设计一个摸球游戏，来考考小伙伴们对于"因数与倍数"的掌握情况吗？

> **教学思考：**

《因数与倍数》单元是五年级下册第三单元的内容，是在学生学习了整数乘法、除法运算及认识自然数等知识的基础上学习的，为后面继续学习约分、通分、异分母分数加减法等内容做铺垫。

这个单元的知识点是多而杂的，而且离学生的生活经验比较远，相对来说比较抽象，加上学生学习经验的不足，学习颇具难度。在上单元复习课时，老师要努力摒弃"以做题为复习"的模式，通过思维导图，引导学生自主建构以形成知识结构；通过学生出题等，引导学生自主复习，举一反三。

(1) 由"点"到"面",形成知识结构。

这个单元学习结束,很多学生留下的是点状的知识,有些甚至只有看到具体举例才能用自己的语言说一说,因此复习的难度很大。

通过导学单,先让学生回忆知识点有哪些,再用自己喜欢的方式把这些知识点联系起来。这样设计的目的:一是引导学生自主回忆,自己查漏补缺;二是了解学生单元整体建构的现状。

课堂教学中,引导学生分版块进行集体交流,通过小组代表发言、同组成员补充、他组同学提问、老师追问等形式,使该版块内容逐渐充实,学生表述完整规范。在充分交流各个版块之后,学生自然而然能把握各个知识点之间的内在逻辑,进而进行知识的联结,形成合理的知识结构。

(2) 由"做题"到"出题",发展数学思维。

复习课上,学生通常都是完成相关练习,是一个被动接受的过程。而本节复习课中,引导学生选取自己喜欢又擅长的一个知识点,自己来出题并附上答案,为课上做小老师讲解做准备。学生出题,也考虑到了不同学生的知识基础、学习能力的差异,可以推荐、改编或原创。老师根据学生出题进行归类、整理。

复习课中的巩固练习部分,学生看到出题人姓名是兴奋的、紧张的,怕解答不出或讲解错误。不管是哪种情况,每一个学生都是全神贯注、专心致志的,这和传统复习课的学生参与情况相比,改变是显著的。每一组练习由易到难,学生拾级而上,独立思考、合作交流、提问质疑、解答释疑,练习反馈的效果非常不错,课堂效率非常高。

三、阅读课:语言互译,理解迁移

课前,学生阅读数学材料(可以是数学科普短文、数学日记等),通过文字、符号、图形的互译,完成初读;课上,老师组织学生再读,引领学生分析其中的数学问题、获取知识方法,并能够举一反三解决其他实际问题。其模型范式如图4-33所示。

例如2021年5月,我在昆山市特级教师后备班"我的教学主张"专题研讨会中的公开课"乘数101的奥秘"一课的教学。(导学单略)

图 4-33

"乘数 101 的奥秘" 教学设计

【教学内容】《小学生数学报》上刊登的一位六年级学生写的一篇数学小论文。

【教学目标】

(1) 学生能自主探究得出 101 乘一个两位数或三位数的规律,以及

1001乘一个三位数的规律,并能简单应用得到的结论进行计算。

(2) 学生在探索规律的过程中,发展数学阅读的能力、将知识结论和探究方法迁移的能力,提升学生的自主学习力。

(3) 学生能从探索规律中获得成功的体验,感受"数学好玩,玩好数学"。

【教学重点与难点】

重点:数学阅读方法的积累、探索乘数101的奥秘。

难点:101乘一个三位数的规律。

【教学过程】

一、谈话导入

(1) 师:这是《小学生数学报》上刊登的一位六年级同学的数学小论文,课前同学们进行了阅读,完成了导学单。

(2) 揭示课题。

二、探索规律

(一) 悦读梳理

(1) 这篇文章,你读了_____遍,一共花了_____分钟。

引导学生明确:不动笔墨不读书、书读百遍其义自见。

(2) 这篇文章的主要内容是怎样的?

预设:文章主题、知识结论、探究方法。

(3) 101乘一个两位数的积有什么规律?

归纳得出:101乘两位数可以表示为 $101 \times \overline{ab} = \overline{abab}$。

101乘一个两位数的积,就是把这个两位数重复写两遍,积一定是一个四位数。

(4) 文章中,小作者是怎样说明这个规律的?

方法有:举例子、列竖式、乘法分配律。

(5) 同步练习:202×13 $76 \times 82 + 76 \times 19$

(6) 读了这篇文章,你还想研究哪些乘法的计算规律?

(二) 悦读探究1:101乘三位数积的规律

1. 提出问题

101乘三位数的积,是不是就等于这个三位数重复写两遍后变成六位数呢?

2. 小组活动

(1) 任选一种方法,借助学习单开展研究。

(2) 记录你们小组的研究过程,并写出得到的结论。

3. 集体交流

4. 得出结论

101 乘三位数：$101 \times \overline{abc} = \overline{ab\square bc}$。

$$\downarrow$$
$$a+c$$

（满十进一）

5. 同步练习：101×326　　　　608×101

（三）悦读探究 2：1001 乘三位数积的规律

1. 学生独立探究

（1）猜想一下结论。

（2）任选一种方法进行验证。

（3）记录你的研究过程，写出得到的结论。

2. 集体交流

3. 得出结论

1001 乘三位数：$1001 \times \overline{abc} = \overline{abcabc}$。

4. 同步练习

$1002 \times 703 - 703$　　　　3003×286

三、全课总结

我们一起研究了 101 乘一个两位数或三位数的规律，以及 1001 乘一个三位数的规律，你有什么收获呢？

四、拓展延伸

乘法计算的规律还有很多，我们可以在课后组建研究小组、分工合作来进行研究。

附：板书

乘数 101 的奥秘

举例子　　列竖式　　乘法分配律

101 乘两位数：$101 \times \overline{ab} = \overline{abab}$

101 乘三位数：$101 \times \overline{abc} = \overline{ab\square bc}$

$$\downarrow$$
$$a+c$$

（满十进一）

1001 乘三位数：$1001 \times \overline{abc} = \overline{abcabc}$

> **教学思考：**

"乘数 101 的奥秘"是一节数学阅读课。《义务教育数学课程标准（2022 版）》中强调，注重学生各种能力的培养，其中就包括数学阅读的能力。学生在数学学习中适当运用数学阅读方法，有利于克服学习中的依赖性，增强独立性，有利于加深对数学解题方法和数学思想方法的理解，有利于提高主动获取知识的能力，培养发现问题、分析问题、解决问题的能力。此外，也有利于沟通不同学科的学习，使学习方法具有普遍的指导意义，这样的课型给人一种文理兼修的感觉。

这节阅读课主要分为三个层次。

第一层次的教学，是和学生一起回顾小作者在文中说明的内容。主要通过以下几个问题的引领：（1）你课前一共读了几遍？花了多少时间？（2）你觉得这篇文章的主要内容是什么？（3）作者是怎样来说明这个规律的？这些问题学生在课前阅读时其实已经有所思考了，所以课上主要是让学生来讨论交流这几个问题，把课堂的主体地位交给学生。老师在这一部分只补充了三个点：一是指导学生数学阅读的方法，告诉学生"不动笔墨不读书"，在阅读时可以划重点、做笔记、列算式、打草稿等，并且把做得好的学生的阅读痕迹展示给其他学生看。二是学生用竖式说明了101乘两位数的规律后，因为学生列式时都是把101写在上面，78写在下面。老师在课上给大家补充了把78写在上面，101写在下面的竖式。因为乘数中间有0，这样写正好两个78是错开的，看起来就更加明了。三是学生用乘法分配律说明规律后，由于学生讲解时都是用的具体数字，老师引导学生用含有字母的式子概括所有情况。

第二层次的教学，是学生利用文章中小读者提供的三种方法，自主研究小作者留下的疑问：101乘三位数的奥秘。这个环节是本课的重点，学生将阅读中所获得的知识结论和学习方法进行正向迁移，老师采用的是四人小组的活动形式，学生充分讨论之后，请几位学生上台像小老师一样展示，讲一讲自己的发现并用三种方法中的一种来说明。然后老师出示学生编的几句口诀，结合竖式帮同学们理清规律，再运用规律解决问题，思路更加清晰。让学生通过阅读，不仅读到数学知识，而且读到数学方法，在讨论交流中培养了学生的数学表达能力。

第三层次的教学，是老师鼓励学生根据今天所学提出问题：还有哪些乘法计算的规律你想研究？乘数1001的奥秘是怎样的？101乘更多位的数有什么规律？这一环节，激发了学生通过数学阅读提出问题并自主解决问题的潜力。

这节课给学生提供了课外拓展性的阅读，使学生在阅读中拓宽了视野，提高了能力，对指导学生进行数学课外阅读有借鉴意义。

四、活动课：问题引领，综合实践

活动课"数学全攻略"，学生围绕一周所学的数学内容，提出各种问题（想了解的、有疑问的、新发现的、收集到的等），老师组织学生遴选出有价值的问题，各个小组分工研究问题，最后进行集体交流，分享并整理活动成果。其模型范式如图 4-34 所示。

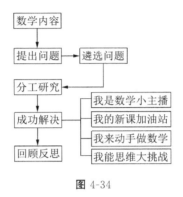

图 4-34

（一）"数学全攻略"校本课程纲要

1. 课程定位

多年来，我所在的昆山市实验小学数学教育一直努力践行"人人学有价值的数学，人人都能获得必需的数学，不同的人在数学上获得不同的发展"这一理念，引导学生用数学的眼光观察现实世界，用数学的思维分析现实世界，用数学的语言表达现实世界，培养学生在数学学习活动中会阅读、会思考、会表达。

两年来，我们在学校已有的数学思维训练社团、数学拓展活动社团的基础上，积极开展数学"悦"读课程的开发与实践研究，目的在于培养学生能自主进行资料收集和分享、快乐阅读和交流、自主反思和完善等，发展学生的信息收集和处理、数学建模、数学交流与表达等关键能力，提升学生乐学善学、勇于探究、勤于反思、问题解决等核心素养。

2. 教材（或活动）分析

我们以现行苏教版《数学》教科书为基础，从"你知道吗"栏目延伸为"数学知多少"，包括数学知识、数学故事、数学妙招、数学趣题、数学名家等，采用语音的形式，由学生担任小主播；从例题的学习延伸为"新课加油站"，内容来自学生课堂学习中新的感悟、疑惑之处等；从"动手做"延伸为"动手做数学"，让学生在动手操作、自主探究中发现数学奥秘；从"思考题"延伸为"思维大挑战"，内容来自学生推荐或编写的好题，让学生体验"跳一跳，摘到果实"的快乐。

我们通过微信订阅号"数学悦读"进行发布，每周一期，学生、家长和老师通过QQ群进行阅读交流，学生从数学课本学习的"意犹未尽"走向"大显身手"。

3. 学情分析

三至六年级的学生已具备了初步的知识基础和学习能力，能独立阅读数学课本、阅读数学课外读物及上网查找资料；积累了一定的数学活动经验，可以将一些经验材料组织化、数学材料逻辑化，也具备了初步的数学表征能力。同时，学生对数学知识的来源、生长和发展充满了好奇，对数学思维的挑战充满了兴趣，对团队合作充满了期望。

4. 资源分析

苏教版《数学》教科书、相关辅导用书、丰富的数学课外读物、几年来积累的数学"悦"读的素材，都是本课程实施重要的文本资源；来自昆山市小学数学名师工作室的十多位骨干教师是"数学悦读"的编写老师，来自30多所学校的2万多名学生，是本课程实施重要的人力资源。本课程共16课时，拟安排在每周四下午的社团活动时间。

5. 学习目标

（1）学生阅读数学课外读物、上网收集资料，整理并分享成为"数学知多少"的内容，在获得数学知识的同时，发展收集和处理信息的能力，培养乐于分享的品质。

（2）学生设计并完成课时导学单，通过数学课堂学习总结出自己新的感悟、提出自己的疑惑之处，通过交流成为"新课加油站"的内容，发展数学建模能力，培养乐学善学的态度。

（3）学生自编或推荐好的数学问题，通过交流成为"动手做数学"和"思维大挑战"的内容，发展数学逻辑思维能力，培养勇于探究的精神。

（4）学生通过阅读微信订阅号发布的"数学悦读"，将阅读感受、问题解决办法等和同学进行交流，发现问题、自我纠正、逐步完善，发展数学交流与表达能力，培养勤于反思的习惯。

（5）学生通过二次"数学悦读"、数学思维导图、错题分析等作为单元学习总结，发展数学理解与表征的能力，培养可持续的学习力。

6. 学习主题/活动安排

活动课内容安排见表4-5。

表 4-5 活动课内容安排

单元主题	课时	内容或活动	实施要求
—	1	分享课程纲要	明确本课程的目标、评价的内容与方式，初步了解课程内容。
第一单元 我是数学小主播	2～4	查找资料 录制语音	① 了解本学期的主要学习内容；② 提出想了解的相关课外知识；③ 分组交流，确定问题；④ 学生分组查找、阅读资料；⑤ 录制语音，进行全班交流。 以争当"数学知多少"小主播为评价方式。
第二单元 我的新课加油站	5～7	编写导学单 交流汇总新课学习的收获和疑问	① 阅读课本，重点讨论一课时内容；② 分组编写导学单，进行全班交流；③ 就一周的课堂学习，分组交流新的感悟和疑惑之处，全班遴选出两个最重要的问题。 以推荐成为"新课加油站"的内容作为评价方式。
第三单元 我来动手做数学	8～10	学习编写"动手做数学"	① 学习课本上的"动手做"内容的设计和编排；② 结合已学的内容，分组设计或推荐"动手做"；③ 全班交流，推荐出 1～2 个优秀作品；④ 由推荐者或编写者带领全班同学一起完成"动手做"，并对题目进行修改和完善。 以推荐成为"动手做数学"的内容作为评价方式。
第四单元 我来思维大挑战	11～13	学习编写"思维大挑战"	① 学习课本上的"思考题"的设计和编排；② 结合最近一周所学内容，分组推荐或编写"思考题"；③ 全班交流，推荐出 3～5 个好题；④ 由推荐者或编写者带领全班同学一起完成"思考题"，并对题目进行修改和完善。 以推荐成为"思维大挑战"的内容作为评价方式。

续表

单元主题	课时	内容或活动	实施要求
第五单元 我来晒晒 数学"悦"读	14~15	分组进行数学"悦"读，拍照上传进行分享	① 全班一起阅读微信订阅号发布的当期"数学悦读"；② 学生交流阅读感受，提出疑问、讨论解答，独立完成"我的加油站"、"动手做数学"和"思维大挑战"；③ 全班交流，推荐优秀的作品拍照上传QQ群；④ 一起阅读微信订阅号发布的当期"二次阅读"，交流感受。以推荐成为"二次阅读"材料为评价方式。
第六单元 我的数学 全攻略	16	分享课程收获	① 每个同学把参与的资料（文字、图片、语音等）进行收集和整理，做成"数学悦读"个人成长手册；② 进行全班交流、评比。

（二）"数学全攻略"成果呈现

"数学全攻略"数学"悦"读活动课，成果在微信订阅号"数学悦读"中呈现。如：五年级上学期第1期"数学悦读"。

数学悦读五上（第1期）

小主播：狄恩诺

【数学知多少】

负数的由来

1700多年前，我国数学家刘徽首次明确提出了正数和负数的概念。他还规定筹算时"正算赤，负算黑"，就是用红色算筹表示正数，黑色算筹表示负数。

图 4-35

《九章算术》中还记载了正负数的加减运算法则，即：同名相除，异名相益，正无入负之，负无入正之；其异名相除，同名相益，正无入正之，负无入负之。

【新课加油站】

1.《认识负数》单元

我们知道了表示两个意义相反的量，可以用正数和负数来表示。比如：如果水面上升 5 厘米，可以记作＋5 厘米；水面下降 3 厘米，可以记作－3 厘米。

2.《多边形的面积》单元

平行四边形的面积＝底×高。

三角形的面积＝底×高÷2。

梯形的面积＝（上底＋下底）×高÷2。

运用转化的策略，可以把新知识转化为旧知识，从而解决新问题，这是我们学习数学的一种非常有效的方法。

(1) 把平行四边形剪拼成一个长方形，面积变了吗？周长呢？

(2) 一个三角形和一个平行四边形的面积相等，底也相等。平行四边形的高是 6 厘米，三角形的高是多少厘米？

【我的加油站】

1.李大伯收获了一批板栗，收购的要求是每袋重 50 千克。以 50 千克为标准，这 6 袋板栗的实际质量分别记录如表 4-6。

表 4-6　板栗的实际质量

编号	第 1 袋	第 2 袋	第 3 袋	第 4 袋	第 5 袋	第 6 袋
超过或不足的质量/kg	＋3	－1	－4	＋2	＋5	0

这批板栗一共重多少千克？

2.一个长方形框架，长是 30 厘米，宽是 20 厘米。把它拉成一个高是 25 厘米的平行四边形，它的面积是多少平方厘米？

【动手做数学】

图 4-36 是一次国际数学家大会的会标，它是由 4 个完全相同的直角三角形组成的。已知直角三角形的两条直角边分别是 14 厘米和 10 厘米，则大正方形的面积是多少平方厘米？

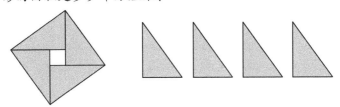

图 4-36

如果还是用这 4 个直角三角形组成一个更大的正方形，它的面积又是多少平方厘米？请你动手拼一拼、画一画、算一算。

【思维大挑战】

1. 如图 4-37 所示,一个梯形的上底延长 15 厘米就变成了一个平行四边形,面积增加 75 平方厘米。已知原来的梯形上底是 17 厘米,求梯形的面积。

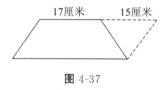

图 4-37

2. 如图 4-38 所示,正方形 ABCD 的边长是 8 厘米,CG 是 6 厘米。长方形 DEFG 的长是 10 厘米,DE 长多少厘米?

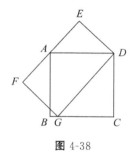

图 4-38

第三节 数学"悦"读课程实施的思考

(一)"卷入式"数学"悦"读,让学生"看见"知识在生长

通过国家课程的渗透和校本课程的实施,这样"卷入式"的数学"悦"读,能让学生"看见"知识在生长,这是数学"悦"读与课堂教学相融合实践得到的真实反馈。

1. 数学"悦"读,把课堂还给学生

教师的教最终是为了学生的学,为了引导学生从学会走向会学。我们研究学生的知识基础和学习经验,组织和引导学生开展学习活动,把课堂还给学生。学生带着思考走进教室,兴趣激发、问题驱动、思维碰撞、质疑反思、探究辨析等,师生积极参与、沟通对话、交流互动,在这样的活动中,数学逻辑的序、学生发展的序和数学课堂教学的流程,得到适时的调整而逐渐协调,可以提高教学的有效性,提升学生的数学核心素养。

(1) 寻根溯源,一探究竟——我想说!

数学知识的产生与发展,源自人们生产和生活的需要,读数学史等生成性材料,有助于学生体会数学学习的价值,有助于学生形成完整的知识体系。

如"认识年、月、日"一课,导学单中有这样一个问题:你知道历法的由来吗?

平时的课堂中,如果学生有这样的疑问,老师解答起来可能也不一定说得清楚。如果老师充分准备作介绍,学生听一下,印象不深刻。而这节课之前,学生带着问题,在家长的帮助下,查找资料、收集资料、整理资料,有的抄写重要部分、有的打印、有的录制语音。在这个过程中,学生对历法有了比较深入的了解,课堂上学生们自信满满地表达自己的收获,其他同学同样也收获满满。

小主播:胡晓悠

目前全世界通用的历法,又叫公历、阳历,它是将地球绕太阳一圈的时间作为一个计算单位。地球公转一圈是365天6小时9分10秒。为了使用方便,通常以365天作为1年。由于365天里,月亮大致圆缺变化12次,因此就将1年分为12个月。公历最早起源于古埃及,20世纪初期全世界普遍使用。中国于辛亥革命后在1912年开始采用公历纪年。我国通常历法有公历、农历和干支历三种。

图 4-39

再如"数字与信息"一课中,让学生课前"全家总动员":结合家庭成员的信息,探究身份证号码各部分的秘密。有的家长之前对身份证中的有些信息也不了解,和孩子一起研究也是饶有兴趣。这样,课上就不再是"老师介绍学生听"的学习模式,在小组交流的基础上,全班进行充分的交流,学生听小伙伴的介绍时也格外认真,还能适时提出疑问。在学生的学习方式切实转变的同时,老师的角色也发生了改变,真正成为教学的组织者、参与者和引导者。

导学单中这样的问题引领,让学生自主去探究知识的由来,学生的信息收集和处理能力得到了发展。

(2)巧招妙法,动手一试——我来做!

"数学好玩"是数学家陈省身对数学的赞美。玩是儿童的天性,儿童的智慧在手指尖上,动手做数学,巧招妙法信手拈来,自然好玩。可是,课堂上的时间不够,空间也不允许,那就让学生课外动手做一做,可以借鉴教材上的方法,也可以独具匠心。

如"圆的认识"一课,导学单中有这样的一个问题:请你想办法画一个圆,说一说你是怎么画的。

课前，学生在家里找来足够的工具，把画圆的多种方法都尝试了，觉得自己画得不美观的还多画了几次，挑选最喜欢的一种方法拍摄成视频向同学介绍。通过这样的尝试，学生对画圆方法的比较不再是看图想象不知道怎么说，而是有话要说，还说得很到位；大部分学生用圆规画圆都画得很流畅了，圆规画圆的注意点，也是从实践中来；也为后面认识圆各部分的名称和特征，积累了感性认识的经验。

图 4-40

如"认识年、月、日"一课中，给出了图 4-41 中的任务单内容。

图 4-41

课上，学生通过交流完成表格里数据的校对后，就争先恐后地把自己的好方法介绍给大家。有的同学是先按"大月、小月"分类再记忆，有的同学借助拳头记忆，有的同学用口诀记忆法或自编儿歌记忆法。学生有了课前的认真准备，其他同学的方法也听得格外仔细，还会及时纠正不对的地方。

这样的动手做数学，让学生运用多种感官一起参与学习，经历尝试、纠正、练习、交流、完善的过程，问题解决能力得到了发展。

（3）回顾整理，思维导图——我会画！

单元复习课，是让老师们头疼的课，往往"讲得很累、效果不理想"。这是什么原因造成的呢？主要是内容多，学习困难的学生跟不上；讲题做题，学有余力的学生不愿意听。让学生尝试用思维导图的形式进行整理、交流，是一种行之有效的方法。

如《圆柱和圆锥·整理与练习》一课，就让学生自主回顾梳理、画出思维导图、巩固练习。

第四章 小学数学"悦"读课程的实施路径 113

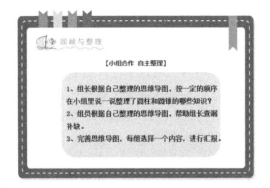

图 4-42

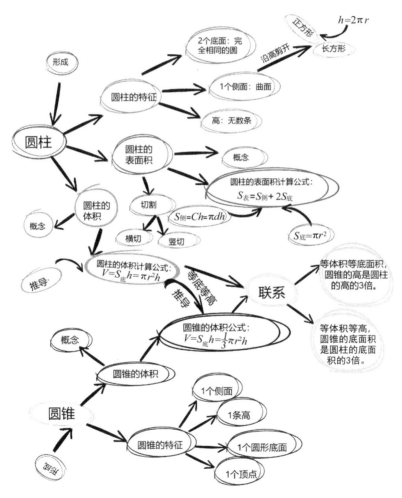

图 4-43

这里的思维导图，是学生在自主回顾梳理的基础上，理清了知识生长的过程和脉络，经过充分交流形成的。在学生自主回顾梳理的时候，老师需要进行适当的引领，比如：主要有哪些大的板块？可以有哪些表现形式？让每个学生独立进行整理，有的学生只把最基础的、最基本的整理出来，有的学生整理得比较全面，有的学生既有相对独立的板块又考虑了相互连接之处。课上交流的时候，在小组代表发言之后，其他成员进行补充，学生在修正完善的过程不断思考。

这样的整理与复习课，更大程度上"让每个孩子学不同的数学"，更大程度上让学生自主整理与复习，学生的数学理解与表征能力得到了发展。

2. 课堂教学，让悦读走得更远

数学教学不是把现成的结论教给学生，而是要引导学生自己寻求知识产生的起因，探求它与其他事物的联系，在探索过程中形成概念、寻求规律、获得结论。也就是说，学生在问题的驱动下，带着好奇心，自主开展数学学习活动，而课堂学习中的思维碰撞，会让学生产生新的疑问，学生带着问题和思考从课堂走向课外，继续进行数学"悦"读。

(1) 快乐分享，引发思考——我们一起尝试！

兴趣是最好的老师，因为兴趣是学生主动探究学习的内在驱动力，这个力量之强大不可限量。我们以导学单上有现实意义的、有挑战性的任务作为驱动，让学生产生探究的兴趣，引导学生课前进行数学阅读、课堂互动交流、课后继续探索，把外在驱动力转化为内在驱动力。

"认识年、月、日"一课中，课前阅读准备充分的学生，胸有成竹地和同学们交流分享，在同学眼里收获了羡慕的目光，体验到了学习的快乐和成功的喜悦。课堂上，小伙伴们提出的疑问：闰年一年有 366 天是怎么回事？4 年一闰，百年不闰，400 年又闰，这是真的吗？他也非常想知道，课后，他的数学阅读又开始了。课前阅读准备不够充分的学生，小伙伴的精彩分享，会让他觉得很佩服。他也找来自己感兴趣的问题，如：一年有几个星期？一年有 4 个季度，每个季度有几天？自己来研究试试。

这样，学生课前带着数学"悦"读的成果，在课堂上快乐地分享，又产生新的疑问和思考，继续展开数学"悦"读。问题的驱动，转化为学生的内在学习动力，发展了学生勇于探究、敢于质疑的能力。

(2) 好题推荐，思维挑战——我们一起研究！

我们试图打破"老师出题、学生解答"的单一模式，让学生尝试提出问题或进行好题推荐，可以是原创的、改编的或搜集的，学生一起来进行思维大挑战，感受"跳一跳，摘到果实"的快乐。

《圆柱和圆锥·整理与练习》一课中，后面的巩固练习，是一个个问题串，源自学生收集的实际问题，老师对其进行了组合和改编，体现了基础性、层次性和开放性。

出题的学生是认真研究过这个问题的，如果同学们解答有困难，他能很好地说出解决问题的思路和结果。其他同学，一起研究小伙伴提出的问题，也是有点兴奋的。后面，有小伙伴提出了"怎样计算圆锥的表面积呢？"这个颇有挑战的问题，很多同学都跃跃欲试，一起加入了思维大挑战的队伍。

在这样的过程中，学生遇到问题一起研究、一起挑战，他们的思维互相碰撞，激发新的灵感与想法，解决实际问题的同时感受学习的快乐，发展了自主学习、团队合作的能力。

图 4-44

3. 几点思考

数学"悦"读与课堂教学相融合，是相互影响、彼此促进的。对此，我们有这样三点思考。

（1）可以选取一两个点，让学生在课前展开悦读。

让学生经历知识产生、发展的过程，需要足够的空间和充分的时间，鼓励学生去动手操作、自主探究。但是不等于把课堂教学的所有环节，设计好问题，以导学单的形式，让学生课前全部完成。这样时间上不允许，学生回家写作业的时间远远超过教育部门的相关规定。我们可以选取一两个有探索价值的点，来引导学生进行自主阅读与研究。

（2）注重问题引领，体现数学知识之间的逻辑结构。

数学"悦"读与课堂教学相融合，学生有了充分的准备，学习方式上可能会比较单一，就是几个问题的汇报交流、补充完善，容易让数学知识本身的内在逻辑结构变得松散，数学味儿变淡了。我们还是要有核心问题的引领，知识发展的主线与学习方法的暗线"双线"推进，环环相扣、层层推进，有充分的预设，更有精彩的生成。

（3）不形式化，适合才是最好的。

数学"悦"读与课堂教学相融合，是一种新的尝试，对某些课不一定适用，或者说不一定是最优的形式。正如春天的花，各有各的美，百花齐放才是春。数学"悦"读与课堂教学相融合，不能拘于形式，也不能流于形式，要找寻合适的点、合适的时机，将发展学生的数学素养落到实处。

我们的期望：数学"悦"读与课堂教学相融合，"卷入式"的数学"悦"读，让学生"看到"知识在生长，让老师"听见"学生在拔节！

（二）数学"悦"读助推学生数学关键能力培养

数学"悦"读课程以新授课、复习课、阅读课和活动课等形式组织实施，助推学生数学关键能力的培养。

1. 分享推荐素材，助推数学理解能力与数学表征能力的培养

数学理解能力，是学生对于数学核心知识内涵的理解程度，数学知识中的逻辑意义、知识背景、数学思想方法、数学理性精神与思维方式的理解。

数学表征能力是指通过符号、文字、图表、公式、模型等方式，对数学中的核心概念、数学关系、数学问题进行关联式的表达，建立起数学知识和针对性的问题的一一映射，把复杂问题进行拆解来进行问题的简化。

如《多边形的面积》单元，有同学通过阅读、收集和整理，和我们分享了"三角形面积公式的推广"。

三角形的面积计算公式是：底×高÷2，如图4-45所示，上下拖动 D 点，保持 AD 和 BC 互相垂直，可以得到两种情况：凸四边形 $ABCD$ 和凹四边形 $ABCD$。通过计算，我们发现：对角线互相垂直的四边形，包括凸四边形和凹四边形，其面积等于两条对角线乘积的一半，三角形就是其中的一种特殊情况。

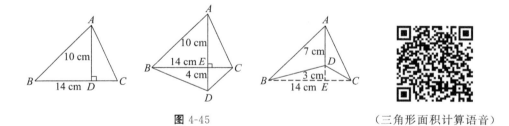

图 4-45　　　　　　　　　　（三角形面积计算语音）

在学生数学阅读现状调查中，我们发现学生很少选择语音的形式。"数学知多少"板块，通过语音、图形之间的关联式表达，让学生看着图形，边听边思考，理解一个比较复杂、有些难度的问题。

再如"平移和旋转"一课中的"数学知多少"。平移定义的出现，引导学生从描述性的定义出发，试着了解规范性的定义；大楼整体平移的视

频,建立平移的知识与实际问题之间的映射;最后的动画演示,将复杂的问题进行简化,揭示平移的本质。

学生感受到了学习的快乐、分享的快乐,这个过程中学生的数学理解与表征能力得到了培养。

2. 第一次阅读,助推数学逻辑思维能力的培养

逻辑思维能力,是学生在数学知识学习过程中,在核心知识的观察发现、分析理解、抽象判断、推理论证等过程中所进行的内在活动,是在一定条件基础上的、有着合理的步骤和程序的、循序渐进的思维方式。

第一次阅读通过微信订阅号发布,在学生广泛进行单元性阅读、完成导学单、课堂学习之后,在学生推荐素材的基础上,安排我们团队的各年级指导老师进行编写。主要内容分为:版块一"数学知多少"是语音的形式,学生担任小主播;版块二"新课加油站"是视频的形式,围绕学生一周学习的难点、疑点展开,由老师引领,设有两个实际问题,定位是学生解答正确率70%左右;版块三"动手做数学",让学生动手又动脑,感受学习的快乐;版块四"思维大挑战",鼓励学生"跳一跳,摘到果实",感受成功的喜悦。

如五年级上学期第1周的"新课加油站"。

一个三角形和一个平行四边形的面积相等,底也相等。平行四边形的高是6厘米,三角形的高是多少厘米?

【分析与解答】这个问题比较抽象,我们可以用画图的方法来试一试。如图 4-46 所示,先画出一个底是 a 厘米,高是 6 厘米的平行四边形。再画一个三角形的底是 a 厘米,尝试一下,若三角形的高也

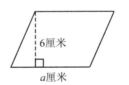

图 4-46

是 6 厘米,会发现这样的三角形和平行四边形等底等高,三角形的面积是平行四边形面积的一半。怎么办呢?相信爱动脑筋的你,一定发现了:三角形的高应该是平行四边形高的 2 倍,也就是 12 厘米。

有了画图这个直观的感知,我们再从它们的面积计算公式出发,$S_平 = a \times h$,$S_三 = a \times h \div 2$,这里 S 相等,a 也相等,显然三角形的高要比平行四边形的高多一些,说得准确一些,三角形的高是平行四边形高的 2 倍,也就是 12 厘米。

老师讲解与引领,帮助学生通过画图观察、举例理解,再抽象判断、推理出结论,这样在学生已有的平行四边形、三角形面积计算的知识基础上,数形结合,通过一定的步骤,使学生的思维逐步由具体到抽象,发展

了学生的逻辑思维能力。

再如"两位数加两位数（口算）"一课，最后的"思维大挑战"是一道开放题。通过学生估算（猜测）、口算（填一填）、交流（发现其中的规律），学生的思维由表及里，层层深入，发展了学生的逻辑思维能力。

3. 第二次阅读，助推数学交流与表达能力的培养

数学交流与表达能力，指学生将自己理解和掌握的数学知识、方法、策略、思想，通过口头或书面的方式呈现出来，可以将口头语言和书面语言相结合、数学语言与日常语言相结合、模型表达与文字表达相结合。

学生在第一次阅读后，通过 QQ 群进行交流，各个年级的指导老师收集学生的不同答案，再通过微信订阅号在下一周定时发布内容让学生进行第二次阅读。

请看五年级下学期第 6 周二次阅读中"我的加油站"。

图文列表

数学悦读（五下 第5周二次阅读）

1.求18和24的最大公因数和最小公倍数，你能想到几种不同的方法？（请写清过程）

图 4-47

通过在"我的加油站"中提出问题，启发学生思考，并在二次阅读中查看其他学生的答案，推动学生之间的相互交流与表达。

学生的作品如图 4-48 所示。

列举法：

18的因数：1, 2, 3, 6, 9, 18。

24的因数：1, 2, 3, 4, 6, 8, 12, 24。

(18, 24) = 6

18的倍数：18, 36, 54, 72, 90……

24的倍数：24, 48, 72, 96, 120……

[18, 24] = 72

分解质因数法：

18 = 2×3×3

24 = 2×2×2×3

(18, 24) = 2×3 = 6

[18, 24] = 2×3×3×2×2 = 72

图 4-48

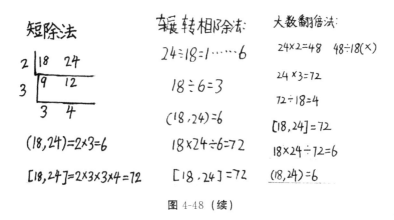

图 4-48（续）

二次阅读中，学生除了使用课本上学习到的列举法和短除法，还使用了很多其他的方法。其中"分解质因数"的方法，是学生通过本期"数学悦读"的"新课加油站"学到的［图 4-49（a）］；"辗转相除法"是通过本期"数学悦读"的"数学知多少"学到的［图 4-49（b）］；"大数翻倍法"则是学生在平时练习中自己悟出的方法。

(a)　　　　　　　　　　　　　(b)

图 4-49

另外，我们在单元学习之后，会有选择地让学生进行知识的梳理，其主要形式有思维导图式的数学小报、错题整理（图 4-50）等。

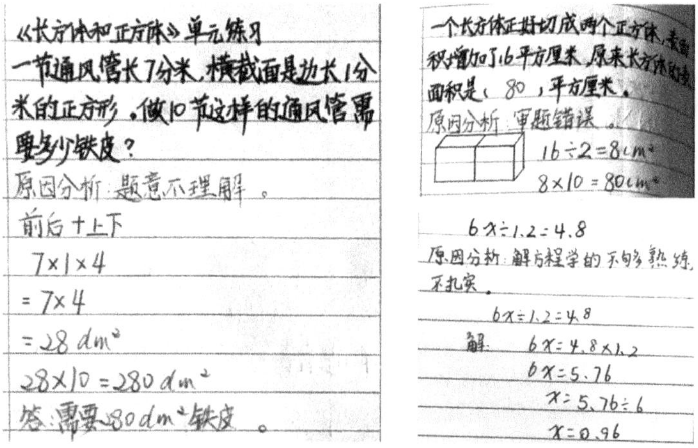
《长方体和正方体》单元练习
一节通风管长7分米，横截面是边长1分米的正方形。做10节这样的通风管需要多少铁皮？
原因分析：题意不理解。
前后+上下
$7\times1\times4$
$=7\times4$
$=28\ dm^2$
$28\times10=280\ dm^2$
答：需要280 dm^2 铁皮。

一个长方体正好切成两个正方体，表面积增加了16平方厘米，原来长方体的表面积是（80）平方厘米。
原因分析：审题错误。
$16\div2=8\ cm^2$
$8\times10=80\ cm^2$

$6x\div1.2=4.8$
原因分析：解方程学的不够熟练，不扎实。
$6x\div1.2=4.8$
解：$6x=4.8\times1.2$
$6x=5.76$
$x=5.76\div6$
$x=0.96$

图 4-50

在错题的整理过程中，学生先将错例分成“不会做”和“不该错”两大类，再摘录原题、分析原因、重新解答并校对答案。这样，一次次自主梳理、自我反思，在查漏补缺的同时，提升了学生的自主学习力。

我们从数学“悦”读课程内容的选择、课程的组织实施两个层面，落实了学生数学关键能力的培养。无论是国家课程的渗透，还是校本课程的实施，数学“悦”读助推学生数学关键能力的培养，都不是孤立存在的，这是一个有机、统一的整体。

第五章
小学数学"悦"读课程的评价反馈

1. 数学"悦"读课程是怎样进行评价的?
2. 数学"悦"读课程评价反馈如何?

数学"悦"读课程的评价,将数学阅读六个能力成分与数学阅读六个能力水平相结合,形成评价的"雷达图"。有教师教学评价,通过"悦读·生长"课堂教学评价表来实施;有课程质量评价,从课时质量评价、单元质量评价到学期质量评价;还有学生学习评价,以小读者"个人成长袋"积累的方式,实施动态过程性评价。

同一个数学老师,同一个年级,同样的教科书,实验班与非实验班,数学"悦"读课程评价反馈的数据表明成果显著。

第一节 教师教学评价

课堂教学是落实课程内容、达成课程目标的主要途径。贯穿学习全过程的数学"悦"读，无论是课前阅读、课上阅读还是课后阅读的学习活动，都离不开教师的组织、参与和引领。数学"悦"读课程的实施，无论是国家课程的渗透（包括数学新授课、复习课），还是校本课程的开展（数学阅读课、活动课），都是在课堂教学中落地生长的。因此，小学数学"悦"读课程中的教师教学评价，聚焦小学数学"悦读·生长"课堂教学评价。

1. 评价的目的

小学数学"悦读·生长"课堂教学评价，就是按照数学课程标准的要求和数学"悦"读课程目标，对教师和学生在课堂教学中的行为及其引起的变化进行价值判断。

一是有助于教师落实数学"悦"读课程的教学内容。课程开发的内容是否正确和合适，只有通过课堂教学中学生学习活动的反馈情况，才能做出判断。

比如：每个单元学习单中，"本单元你最想学习的内容""阅读课本之后，你有哪些疑问？""本单元我最想研究的问题""与本单元相关的数学小知识"等，是经过多个单元学生整体阅读后反馈的情况，进行调整之后确定的。

再比如：同一份课时导学单，不同学校、不同班级，学生完成的情况是不同的，有的差异还比较大。这就需要在课堂教学中，教师根据学生的导学单完成情况交流，及时引导并调整教学过程，有的时候还需要对这份导学单进行修改和完善。

二是有助于教师探索数学"悦"读课程的教学规律。和使用数学教材进行课堂教学一样，即使是不同版本、不同学段、不同领域，还是有一定的教学规律的，数学"悦"读课程的教学也是如此。

比如：课堂教学中，学生自主整理形成的资料，怎样从每一份导学单中整理出来？同一个问题，学生交流的时候按怎样的顺序进行？学生可能会有怎样的疑问？等等，这些都可以在课堂教学实践中，慢慢摸索出规律。

三是有助于教师把握学生学习的困难与需求。教学相长，教师的教与学生的学是相辅相成的。根据学生学习活动中的反馈、学生随堂练习中的反馈，教师及时了解学生的学习情况，针对学生的疑问和难点，及时调整教学活动，有针对性地解决问题。

2. 评价的方式

小学数学"悦读·生长"课堂教学的评价方式，采用外部评价、自我评价相结合的方式。

外部评价，主要是指听课教师根据课堂教学情况，对教师的教（教学目标、教学内容、教学方式、数学材料的处理等）和学生的学（学习参与、学习体验、学习效果、数学材料的交流等）两个维度，做出全面客观的判断的过程。

自我评价，主要是指老师根据课堂教学中，教学活动的组织、学生学习活动的参与和引领、对教学环节的即时调整等进行自我诊断的过程。

3. 评价的标准

教师在数学"悦"读国家课程渗透实施过程中的学习单的设计、学习活动的组织、教学指导和参与等，学生在学习过程中的阅读、探究、分享等，均作为评价的指标，以此制定出小学数学"悦读·生长"课堂教学评价表（表 5-1）。

表 5-1 小学数学"悦读·生长"课堂教学评价表

评价项目	评价要点	评价权重（A，B，C，D）	评价结果
教师的教	1. 掌握课程标准，教学目标明确，内容处理得当，教学设计完整，导学单合理。	20，16，12，8	
	2. 教学内容正确，贴近学生实际，难易恰当，容量适当。	15，12，9，6	
	3. 课堂结构合理，有效组织导学单及阅读材料交流，讲练结合，注重阅读指导。	15，12，9，6	
学生的学	1. 学生认真完成导学单，整理的阅读材料丰富而有价值，主动参与的广度、深度和参与时间达到一定要求。	20，16，12，8	
	2. 达成教学目标，完成教学要求，学生能综合应用所学知识解决真实情境中的问题。	15，12，9，6	
	3. 学生获得了成功与进步的积极体验，兴趣浓厚，学习毅力得到培养。	15，12，9，6	

续表

综合评价	启示与建议：					
	等第		评分		评价者	
备注	优秀 A（100—85） 良好 B（84—75） 合格 B（74—60） 不合格 B（60 以下）					

4. 评价的实施

此评价表的实施主体为听课老师，若评价等级为"合格""不合格"，需要提出改进意见，以便执教老师及时调整，优化课程实施过程。

在数学"悦"读与课堂教学相融合的实践中，我们逐步形成了"悦读·生长"课堂教学新范式。在研究过程中，我们对实验老师进行了课堂教学评价，优课率由参与前的 53.4% 提升到参与一年后的 82.8%。

第二节　课程质量评价

课程质量评价，是对学生学完本课程后的目标达成度进行终结性评价。小学数学"悦"读课程，聚焦学生数学阅读能力的评价，以数学阅读六个能力成分的六个水平层次为评价标准，用实验班和非实验班对照测评的方式，从一课时、一单元到一学期进行质量评价与课程质量评价。

1. 评价的目的

小学数学"悦"读课程质量的评价，是班级学生整体数学阅读能力及层次达成的重要依据，为课程实施的改进提供重要参考。

一是有助于教师较为全面地了解整班学生数学阅读能力水平发展情况。促进学生数学阅读能力水平发展，发展学生的数学核心素养，是本课程开发和实践的出发点和落脚点。课程质量评价，由点、线到面，一课时的质量评价，是某个知识领域 1 个数学阅读水平的发展情况，是点状的；一单元的质量评价，是某个知识领域 2~4 个数学阅读水平的发展情况，是线状的；而一学期质量评价，是 4 个知识领域 6 个数学阅读水平的发展情况，是面状的。这样，能较为清晰地反映出实验班学生数学阅读能力水平的发展情况。

二是有助于教师评估教学质量，有效调整教学计划。实验班与非实验班同时进行评价测试，通过数据统计与分析，教师能准确发现学生数学阅读能力水平的发展是否存在不均衡，分析造成某个数学阅读能力水平发展滞缓的原因是什么，进而找出课程实施过程中可以调整、改进和优化的环节。

2. 评价的方式

课程质量的评价，采用书面测试和个别访谈相结合的方式进行。

书面测试，是由课题组的老师根据课程内容，围绕一个或多个知识领域进行自主命题，采用学生限时笔答的方式进行，用等级评价的方式呈现评价结果。

个别访谈，是在书面测试后进行的，一般就某个数学阅读能力某个层次水平发展，由老师和参与书面测试的学生进行一对一的交流，以了解学生出现的错误、疑问背后的原因及思考过程，为书面测试的结果作补充。

3. 评价的标准

一是数学阅读能力成分（表5-2）。（原文：2019第5期 数学教育学报 杨红萍、杨捷《小学生数学阅读能力结构的因素分析》）

表5-2 数学阅读能力成分

概念理解能力	阅读过程中对文字、符号和图表3种字符的理解
语言互译能力	文字、符号、图形3种语言之间相互转化的能力
阅读迁移能力	运用先前知识解决目前问题的能力
阅读推理能力	阅读中类比、归纳、按照逻辑规则、直觉思维推理的能力
空间想象能力	借助空间想象感知事物形态与变化的能力
信息整合能力	对阅读材料所反映的信息进行优化组合、综合分析的能力

二是数学阅读能力水平（表5-3）。（原文：1999年第8期 数学通报 胡理华《浅谈培养学生数学阅读能力》）

表5-3 数学阅读能力水平

认读水平	初步认识数学概念或定理、公式或法则、图形的含义
概述水平	能用自己的语言叙述数学概念或定理、公式、法则、图形等的内容；能大致地说出例题的解题方法与步骤
辨析水平	辨析字句的含义，能找出书中关于数学概念或定理、公式、法则、图形语言描述中的关键字词或符号，能指出知识结构中的疑点、难点、重点，以及解题中的关键步骤
串联水平	联系新旧知识，组合各类概念和不同的解题方法，对数学概念或定理、法则、图形有深刻的理解与认识，能知道他们的来龙去脉，搞清因果关系；通过对数学例题的动手仿做，零星的知识逐渐形成新的知识板块，建立起新的知识网络

续表

领悟水平	通过解决数学问题，掌握数学知识结构，领悟数学思想方法，对数学例题能进行变式尝试，逐步把标准情景下的机械模仿变为变式情景下的尝试探究，进一步领悟概念或定理、公式、法则、图形在解决问题中的作用和使用方法
研究水平	研究知识体系的发展，研究数学思维的发生过程，研究书本编者意图。在解决数学问题中，研究变式情景中条件与结论的关系，揭示数学思维规律

从数学阅读的六个能力成分（概念理解、语言互译、阅读迁移、阅读推理、空间想象、信息整合），以及每个能力达成的六级水平层次（1 认读水平、2 概述水平、3 辨析水平、4 串联水平、5 领悟水平、6 研究水平）来制定数学"悦"读课程成效评价表。数学"悦"读课程成效评价雷达图示例见表 5-4 及图 5-1。

表 5-4　雷达图示例数据

	概念理解	语言互译	空间想象	信息整合	阅读推理	阅读迁移
加入之前	3	4	3	4	4	3
加入一年后	5	6	5	5	6	5

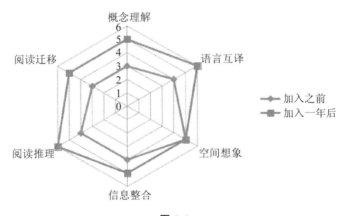

图 5-1

4. 评价的实施

① 课时质量评价。

实验班采用数学"悦"读课程形成的实践范式进行课堂教学活动，非实验班采用常规方法教学。

一课时教学后，我们就数学阅读六个能力成分中的一个能力成分，以课后测的形式，来了解学生的数学阅读能力发展情况。

如复习课"长方体和正方体整理与练习",我们围绕空间想象能力进行了实验班和非实验班课后测。

测试卷如下。

【读一读】

"索玛方块"也称为立体七巧板,由7块形状各异的零件组成,是一种具有较长历史的益智玩具。

关于"索玛方块"的由来,这里面还有一个故事呢!

1936年,海恩在聆听海森伯格演讲时,构思出了索玛立方体。当时海森伯格正在讲述把空间切割成立方体。海恩用敏锐的想象力捕捉到这样一个几何现象:

将不超过4个、大小相同的小正方体以面相连构成的所有不规则图形,可以组成一个较大的正方体,如图5-2所示。

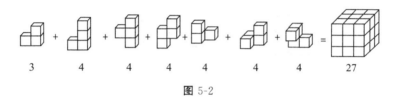

图 5-2

演讲结束后,海恩将小正方体黏成这七种形状,并很快证实了自己的想法。

【做一做】

1. 根据上述阅读材料中的信息,"索玛方块"中一共有(　　)个小正方体。

　　A. 4　　　　B. 27　　　　C. 7　　　　D. 3

2. 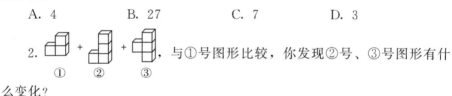,与①号图形比较,你发现②号、③号图形有什么变化?

我发现:_____

3. 为了方便携带,制造商一般把"索玛方块"制成如图5-3所示的尺寸。

(1) 你能计算出它的体积和表面积吗?

图 5-3

（2）如图 5-4 所示，拿走一块图形，现在这个图形的表面积是多少平方厘米？

棱长6厘米

图 5-4

4. 这四块图形，可以拼成一个长方体。（每个小正方体的棱长为 1 厘米。）

（1）你能计算拼成的这个长方体的体积吗？

（2）你能计算拼成的这个长方体的表面积吗？

"做一做"的第 1 题，考查的是"辨析水平"，即学生能辨析文中字句的含义，找出其中图形语言描述中的关键信息。第 2 题考查的是"串联水平"，学生能通过比较，对图形有深刻的理解和认识。第 3 题考查的是"领悟水平"，学生能进行变式尝试，进一步领悟图形在解决问题中的作用。第 4 题考查的是"研究水平"，学生能研究变式情境中条件与结论的关系，进而解决新问题。测评结果如图 5-5 所示。

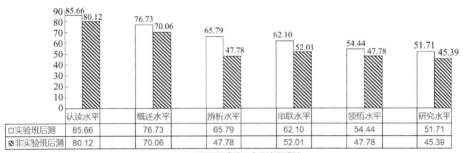

	认读水平	概述水平	辨析水平	串联水平	领悟水平	研究水平
实验班后测	85.66	76.73	65.79	62.10	54.44	51.71
非实验班后测	80.12	70.06	47.78	52.01	47.78	45.39

图 5-5

从测评结果看，实验班学生空间想象能力不同水平均优于非实验班学生，尤其是辨析水平发展较快。

又如活动课"制订旅游计划"，我们围绕信息整合能力进行了实验班和非实验班课后测。

测试卷如下。

【读一读】

按照全国文明城市创建相关要求，城市道路交通护栏每月至少需要清洗3至6次。过去，环卫部门每天出动48位工人，每天工作8小时，需要用3天才能对区内所有护栏完成一次清洗。

为了提高工作效率、消除安全隐患，现在引入护栏清洗车。根据现场实测，一辆护栏清洗车（图5-6）每小时大约可以清洗6千米护栏，相当于过去2个工人一天的工作量，且较人工作业更为节水节能，清洗后护栏表面的洁净度达到90%以上。

图 5-6

【做一做】

1. 仔细阅读以上关于"护栏清洗车"的有关信息，你认为哪些是与数学有关的信息？请在上文中用横线画一画。

2. 请你根据文中相关信息，解决有关人工清洗护栏的数学问题。
（1）若人工作业，一个工人一天可以清洗多少千米交通护栏？

（2）该区内的交通护栏总长大约是多少千米？

3. 请你根据文中相关信息，解决有关汽车清洗护栏的数学问题。
（1）若引入护栏清洗车，一辆护栏清洗车一天可以清洗多少千米交通护栏？

（2）请你提出一个关于"汽车清洗护栏"的数学问题，并列式解答。
我提出的问题：_____
列式计算：

4. 请你借助网络平台、书籍或报刊，查找一段与"旅游计划"有关的资料，提出一个你喜欢的数学问题，并解决。
我查找的资料是：_____
我提出的问题：_____
列式计算：

"做一做"的第1题考查的是"辨析水平"，能找出和问题相关的关键词句。第 2 题考查的是"串联水平",学生能将已知信息与问题建立联系,进而解决问题。第 3 题考查的是"领悟水平",学生能掌握数学知识结构,尝试变式练习。第 4 题考查的是"研究水平",学生能在解决问题的过程中,感悟思维过程与规律。测评结果如图 5-7 所示。

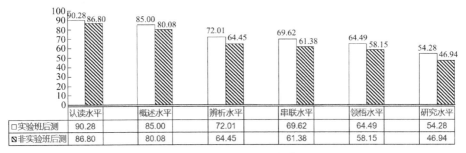

图 5-7

从测评结果来看,实验班学生在"制定旅游计划"这一综合实践课学习中,强化了问题驱动,从问题出发找数据,通过分析数量关系解决问题,"研究水平"发展较快。

再如阅读课"购物中的巧算",我们围绕阅读理解能力进行了实验班和非实验班课后测。

测试卷如下。

【读一读】

莎莎的姐姐开了一家小电器店,一早上营业额就有 516 元。这时又卖出一个电吹风,售价 199 元(图 5-8)。姐姐问莎莎:"现在营业额一共多少元?"

199 元

图 5-8

莎莎说:"516+199 是多少呢?我来列竖式算一算。"

姐姐启发她说:"来买电吹风的阿姨付给我 200 元,我找回她……"莎莎接过话,抢着回答:"可以把 199 元看成 200 元,多收了 1 元,就要找回 1 元,是 715 元。"姐姐夸奖她:"你爱思考,会巧算了!"

这时,又来一位老爷爷买了一个电饭锅 498 元。现在营业额一共多少元呢?

聪明的小读者,请你来算一算吧!

【做一做】

1. 求"原来营业额 516 元,又卖出一个 199 元的电吹风后,现在营业额一共多少元?"

① 莎莎原来的想法：_____
② 姐姐启发后的想法：_____
2. 你喜欢方法_____（填序号），是因为：_____

3. "原有营业额715元，又来一位老爷爷来买一个电饭锅498元，现在营业额一共多少元呢？"请你算一算。

4. 原有营业额1213元，这时又卖出一个搅拌机203元，现在营业额一共多少元呢？
（1）你有巧算的方法吗？请你算一算。

（2）你能结合付钱的过程，说说巧算的方法吗？
_____

"做一做"的第1题考查的是"概述能力"，能用数学算式表示出解决问题的方法与步骤。第2题考查的是"串联水平"，学生能说明原因，对解决问题的方法有比较深刻的理解。第3题考查的是"领悟水平"，尝试探究变式问题。第4题考查的是"研究水平"，学生能借助生活经验，研究知识体系的发展，提示数学思维规律。测评结果如图5-9所示。

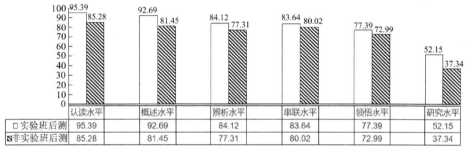

图 5-9

从测评结果看，实验班和非实验班的学生都非常喜欢研究源于生活经验的实际问题，前5个水平都比较高，"研究水平"实验班也比非实验班高出不少。

② 单元质量评价。

一个单元学习之后，我们就数学阅读六个能力成分中的几个能力成分，以学生自评、他人评价相结合的方式，分析学生课程学习的成效。

如：三年级上册《平移、旋转和轴对称》单元评价（表 5-5）。

表 5-5 《平移、旋转和轴对称》单元评价

序号	评价内容	自我评价	（　）评价
1	概念理解能力：初步认识物体或图形的平移和旋转，体会生活中的对称现象		
2	阅读迁移能力：知道轴对称图形的一些基本特征，能识别出轴对称图形		
3	空间想象能力：学生能识别平移或旋转前后的图形、用适合的方法"做"出轴对称图形等，进一步增强空间观念，发展初步的形象思维		

备注：
1. 评价等级：5★优秀、4★良好、3★及格、3★以下为不及格。
2. 最后一栏，可以是同学评价、家长评价或老师评价等。

如：四年级下册《认识多位数》单元评价（表 5-6）。

表 5-6 《认识多位数》单元评价

序号	评价内容	自我评价	（　）评价
1	概念理解能力：了解十进制计数法，认识万级和亿级的计数单位，掌握千亿以内的数位顺序表；理解近似数的含义，会用"四舍五入"法求一个数的近似数		
2	语言互译能力：理解并掌握含有万级和亿级的数的组成，能正确地读、写多位数；会用算盘表示多位数		
3	阅读推理能力：会比较多位数的大小，会把整万或整亿的数改写成用"万"或"亿"作单位的数		

备注：
1. 评价等级：5★优秀、4★良好、3★及格、3★以下为不及格。
2. 最后一栏，可以是同学评价、家长评价或老师评价等。

如：五年级下册《圆》单元评价（表 5-7）。

表 5-7 《圆》单元评价

序号	评价内容	自我评价	（　）评价
1	概念理解能力：知道圆的有关特征，认识圆心、直径和半径。初步认识扇形，知道弧和圆心角		
2	空间想象能力：经历操作、猜想、测量、计算、验证、讨论和归纳等数学活动过程，了解圆周率的含义，熟记圆周率的近似值，掌握圆的周长和面积计算公式		
3	阅读迁移能力：能应用圆的周长和面积计算公式，解决相关的实际问题；积累认识图形的学习经验，体会等积变形、转化等数学思想，增强空间观念，感受数学文化，发展数学思考		

备注：
1. 评价等级：5★优秀、4★良好、3★及格、3★以下为不及格。
2. 最后一栏，可以是同学评价、家长评价或老师评价等。

如：六年级下册《扇形统计图》单元评价（表 5-8）。

表 5-8 《扇形统计图》单元评价

序号	评价内容	自我评价	（　）评价
1	概念理解能力：能够了解扇形统计图的结构和特点		
2	语言互译能力：能够从扇形统计图中读取相关数学信息，并能根据图像和数据的特点进行分析和解释		
3	阅读迁移能力：能够理解各种统计图的特征，灵活选择合适的统计图并解决实际问题		

备注：
1. 评价等级：5★优秀、4★良好、3★及格、3★以下为不及格。
2. 最后一栏，可以是同学评价、家长评价或老师评价等。

③ 学期质量评价。

一个学期学习之后，通过期末学业水平测试的形式，整体把握学生的学习情况，评价数学"悦"读对学生数学学习的价值。我们选取了昆山市区学校 4 所（公办 3 所、民办 1 所）及乡镇学校 4 所，8 位课题组老师执教的六年级 16 个班级（每位老师执教 2 个平行班，一个是参与数学"悦"读课程的实验班，另一个是未参与数学"悦"读课程的对照班）进行了跟踪评价。经过一年的时间，参与数学悦读课程的学生的数学阅读能力获得了较快发展，数学核心素养得到了显著提升。

以下是前测卷。

一、选择题

1. 含有未知数的（　　）是方程。

A. 式子　　　　　　B. 等式　　　　　　C. 都可以

2. $3a=2b$（a，b为非零自然数），根据等式的性质，下面等式（　　）不成立。

A. $30a=20b$　　　B. $9a=4b$　　　C. $10a=2b+7a$

3. 数学家哥德巴赫很早就提出了一个猜想：任意大于2的偶数都可以写成两个质数的和。下面的式子中，反映了这个猜想的是（　　）。

A. $4=1+3$　　　B. $28=21+7$　　　C. $36=31+5$

4. 下面计数器表示的数中，（　　）是3的倍数。

A. 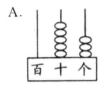　　　B. （图）　　　C.

5. 图5-10是某楼房上的蓄水池横截面，分为深水区和浅水区，如果这个蓄水池以固定的流量注水，那么选项中能表示水的最大深度h和注水时间t之间的关系的是（　　）。

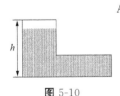 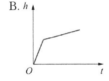 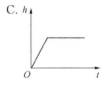

图 5-10

6. 在一条60米的长廊一侧，每隔4米挂一个灯笼（首尾都挂）。现在要将每两个灯笼之间的间隔改为5米，共有（　　）个灯笼不需要移动。

A. 5　　　　　　　B. 4　　　　　　　C. 3

7. 下列三组图形中，（　　）组图形的周长不相等。

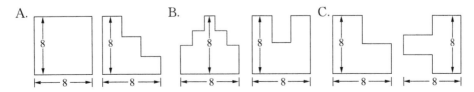

二、填空题

1. 用分数表示图 5-11 中的阴影部分（　　）。

2. 把一根 3 米长的绳子平均截成 8 段，每段长 $\dfrac{(\quad)}{(\quad)}$ 米，每段长占全长的 $\dfrac{(\quad)}{(\quad)}$。

3. $x-1=y$（x 和 y 是非零自然数），x 和 y 的最大公因数是（　　），最小公倍数是（　　）。

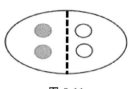

图 5-11

4. 下面图（　　）是一个扇形，请你在下图中描出它的弧。顶点在圆心的角，叫（　　）。

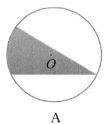

A

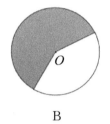

B

5.

　　1

　　　　　　1＋3＝2×2＝4

　　　　　　1＋3＋5＝3×3＝9

　　　　　　……

（1）1＋3＝2×2＝4，在图中画斜线表示这个式子中的"3"： 。

（2）1＋3＋5＝3×3＝9，这个式子中的"3"在图中表示的含义是_____。

（3）1＋3＋5＋7＝_____＝_____。

6. 如图 5-12 所示，有一个圆在宽为 6 厘米的长方形中移动，这个圆不能覆盖到的部分面积是（　　）平方厘米。

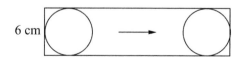

图 5-12

7. 如图 5-13 所示,一个圆形的草编杯垫沿虚线剪开,展开后是一个近似的三角形(圆周率用 π 表示)。

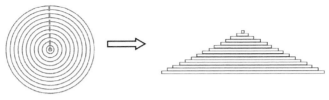

图 5-13

(1) 圆剪拼成近似的三角形,面积(　　)。
A. 变大　　　　　　B. 变小　　　　　　C. 不变
(2) 图中,圆的半径是 r,拼成的近似的三角形的底用含有字母的式子表示为_____。
(3) 图中,圆的半径是 r,拼成的近似的三角形的面积,用含有字母的式子表示为 $S=$_____。

三、问题解决

1. 有两个数 6 和 9,$(6,9)=3$,$[6,9]=18$。
(1) $(6,9)=3$,其中"3"表示(　　　　　　　　　)。
(2) 观察:$(6,9)=3$,$[6,9]=18$
　　　　$(4,6)=2$,$[4,6]=12$
　　　　$(8,12)=4$,$[8,12]=24$

思考:两个数的乘积、它们的最大公因数和最小公倍数的乘积,这两个乘积相等吗?(请计算说明)

(3) 如果用 a,b 表示这两个数,请你用含有字母的式子表示出你的发现。

2. 某市改革用水收费标准:每户每月的用水不超过 6 立方米时,水费按"基本价"收费;超过 6 立方米时,不超过的部分仍按"基本价"收费,超过的部分按"调节价"收费(以每立方米计)。

(1) 改革后,每户每月用水不超过(　　)立方米,按"基

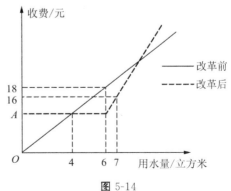

图 5-14

本价"收费。

(2) 改革前用 6 立方米，需收费（　　）元。

(3) 改革前，每立方米收费多少元？

(4) 小张家上月用水 10 立方米，其中（　　）立方米按"调节价"收费，一共收费多少元？

(5) 改革前与改革后，用多少立方米水收费是一样的？

3. "转化"是解决问题的常用策略之一，有时画图可以帮助我们找到转化的方法。

(1) 把正方形看作单位"1"，将算式 $\frac{1}{3}+\frac{1}{6}+\frac{1}{12}+\frac{1}{24}$ 在正方形中表示出来。（画图，并在图 5-15 中相应部分标出分数）

图 5-15

(2) 借助图 5-15，计算：$\frac{1}{3}+\frac{1}{6}+\frac{1}{12}+\frac{1}{24}$。

（请写出计算过程）

4. 阅读材料：

两个数相除，如果得不到整数商，会有两种情况。

一种情况是：除到小数部分的某一位时，不会再有余数，商里小数部分的位数是有限的。例如，14÷16＝0.875。小数部分的位数是有限的小数，叫作有限小数。

另一种情况是：除到小数部分后，余数依次不断重复出现，商也依次不断重复出现，商里小数部分的位数是无限的。例如 5÷3＝1.66…，14÷37＝0.378378…，25÷22＝1.13636…。小数部分的位数是无限的小数，叫作无限小数。像上面这样，一个小数从小数部分的某一位起，一个数字或者几个数字依次不断重复出现，这样的小数叫作循环小数。

循环小数的小数部分，依次不断重复出现的数字，叫作这个循环小数的循环节。例如，1.66…、0.378378…和 1.13636…的循环节分别是"6""378"和"36"。为了书写方便，这几个循环小数分别可以写作 1.6̇、0.3̇7̇8̇ 和 1.13̇6̇。

通常我们用下面的方法可以把无限循环小数 0.66…化成分数：

设 $0.66\cdots=x$，则 $10x=6.6\cdots$，可得方程 $10x-x=6$，$9x=6$，解得 $x=6\div 9$，所以_____。

（1）从上文可知，循环小数的小数部分，依次不断重复出现的数字，叫作这个循环小数的_____。

（2）$0.2323\cdots$ 这个循环小数还可以写作：_____。

（3）从上文中可知，$10x-x=6$，这个式子中的"6"是怎么得到的？

（4）先想一想上面的思路，再参考上面的方法，把循环小数 $0.4\cdots$ 化成分数（请写出过程）。

（5）参考上面的方法，请你尝试将循环小数 $0.3737\cdots$ 化成分数（请写出过程）。

以下是后测卷。

一、选择题

1. 下面图形中，是正方体的是（　　）。

A. 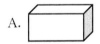   B.   C.

2. 下面的选项中，与 $3:4$ 的比值相同的是（　　）。

A. $1.5\div 6$ B. $9:16$ C. $\dfrac{6}{8}$

3. 在一本科学幻想书上，玛格内行星的人们使用 migs、mags 及 mogs 作为钱币。已知 1 mags＝8 migs，1 mogs＝6 mags，则 10 mogs＋6 mags＝（　　）migs。

A. 108   B. 480   C. 528

4. 图 5-16 用分数乘法算式来表示是（　　）。

A. $\dfrac{3}{4}\times\dfrac{2}{3}$ B. $\dfrac{1}{4}\times\dfrac{1}{3}$ C. $\dfrac{3}{4}\times\dfrac{1}{3}$

5. 三角形的 3 个内角度数的比是 $4:3:2$，那这个三角形是（　　）。

A. 等腰三角形   B. 锐角三角形   C. 钝角三角形

图 5-16

6. 下列图形中，不能折成正方体的是（　　）。

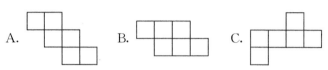

7. 图 5-17 是某楼房上的蓄水池横截面，分为深水区和浅水区，如果这个蓄水池以固定的流量注水，那么选项中能表示水的最大深度 h 和注水时间 t 之间的关系的是（　　）。

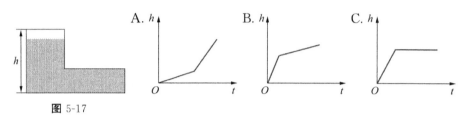

图 5-17

8. 在一条 60 米的长廊一侧，每隔 4 米挂一个灯笼（首尾都挂）。现在要将每两个灯笼之间的间隔改为 5 米，共有（　　）个灯笼不需要移动。

A. 5　　　　　B. 4　　　　　C. 3

二、填空题

1. 0.2 的倒数是_____。

2. 一件商品按原价的 80% 出售，就是打_____折。

3. 一个比的前项是 15，比值是 $\dfrac{5}{8}$，这个比的后项是_____。

4. 有两个正方体，他们棱长的比是 2∶3，那他们体积的比是____∶____。

5. 如图 5-18 所示的大长方形是由 7 个同样大的小长方形拼成的。拼成的大长方形的长与宽的比是____∶____。

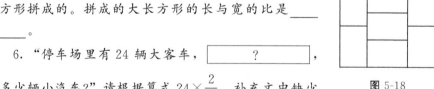

图 5-18

6. "停车场里有 24 辆大客车，____?____，有多少辆小汽车？"请根据算式 $24 \times \dfrac{2}{3}$，补充文中缺少的条件：_____。

7. 如果甲 $\times \dfrac{7}{6}$ = 乙 $\times \dfrac{5}{8}$ = 丙（甲、乙、丙均不为 0），把甲、乙、丙这三个数按从小到大的顺序排列为____ < ____ < ____。

8. 如图 5-19 所示，用棱长 1 厘米的小正方体可以把长方体装满，这个长方体的体积是_____立方厘米。

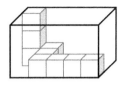

图 5-19

9. 在一个盘子里铺几层纱布，喷洒适量的水，并均匀撒上 50 粒黄豆做发芽试验。每天记录发芽的种子数，7 天的情况见表 5-9。

表 5-9　种子发芽情况

时间	第 1 天	第 2 天	第 3 天	第 4 天	第 5 天	第 6 天	第 7 天
发芽的种子数	0	26	43	45	45	47	48

7 天内这批种子的发芽率是_____%。

10. 如图 5-20 所示，有一个圆在宽为 6 厘米的长方形中移动，这个圆不能覆盖到的部分面积是_____平方厘米。

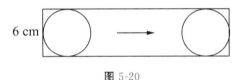

图 5-20

三、解决问题

1. 一杯糖水的含糖率是 25%，再加入 25 克糖和 100 克水。

（1）文中提到的"含糖率"表示什么？这杯糖水和原来一样甜吗？请说明理由。

2. 张叔叔驾驶一辆小汽车以 80 千米/时的车速通过了限速 60 千米/时的路段，他将受到怎样的处罚？（请写出判断方法）

> 有关超速处罚规定
>
> 超过规定时速 50% 以上的扣 12 分，并罚款 200 至 2000 元；超过规定时速 20% 以上但未达到 50% 的扣 6 分，并罚款 200 元；超过规定时速 10% 以上但未达到 20% 的扣 3 分，并罚款 200 元。

3. 某市改革用水收费标准（图5-21）：每户每月的用水不超过6立方米时，水费按"基本价"收费；超过6立方米时，不超过的部分仍按"基本价"收费，超过的部分按"调节价"收费（以每立方米计）。

（1）改革前，每立方米收费多少元？

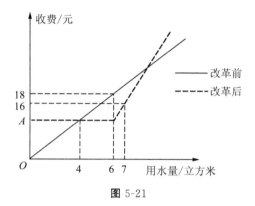

图 5-21

（2）小张家上月用水10立方米，其中_____立方米按"调节价"收费，一共收费多少元？

（3）改革前与改革后，用多少立方米水收费是一样的？

4. 六年级二班某次数学测验成绩的统计表和统计图损坏了，请利用图5-22中仅存的数据信息解答下列各题。

（1）该班的不及格率是_____%。

（2）该班一共有_____人参加了测验。

（3）该班这次测验的优秀率是_____。

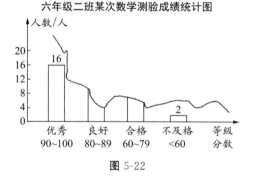

图 5-22

5. 先观察，再计算。

$$\frac{1}{2}-\frac{1}{3}=\frac{1}{6}=\frac{1}{2\times 3}$$

$$\frac{1}{3}-\frac{1}{4}=\frac{1}{12}=\frac{1}{3\times 4}$$

$$\frac{1}{4}-\frac{1}{5}=\frac{1}{20}=\frac{1}{4\times 5}\cdots\cdots$$

计算：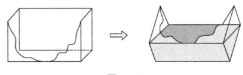

6. 明明家有一个长方体玻璃鱼缸，从里面量，长 7 分米，宽 4 分米，深 5 分米。

(1) 在里面装入 4 分米深的水，水的体积是多少升？

(2) 此时，水与玻璃的接触面积是多少平方分米？

(3) 一天，明明不小心把鱼缸的一个面打碎了，为了保护金鱼，需要把鱼缸转过来盛水，如图 5-23 所示。算一算，用这个坏的鱼缸，最多能盛水多少升？

图 5-23

图书的开本

在图书的版权页上，我们经常能找到"开本 787 毫米×1092 毫米 1/16"的字样。这个"开本"是什么含义呢？

"开本"是出版业中专门用以表示书刊幅画大小的专业用语，指用全张印刷纸开切的若干等份。开本的大小以"开数"来区分。常见的有 32 开本（多用于一般书籍）、16 开本（多用于杂志、课本等）、64 开本（多用于中小型字典，连环画等）。上面"开本"的含义你理解了吗？对啊，它的含义就是把一整张大小为 787 毫米×1092 毫米的大纸平均分成 16 份。数学课本封面的面积就是整张大纸的 $\frac{1}{16}$。

(1) "开本 787 毫米×1092 毫米 1/32"表示这本图书是 _____ 开本。

(2) 下列选项中，能表示 16 开本的是 _____。

A. B. C.

(3) 数学《练习与测试》上标注有"开本 800 毫米×1240 毫米 1/16"，《练习与测试》的面积是多少平方厘米？

前测与后测的结果分别如图 5-24 所示。

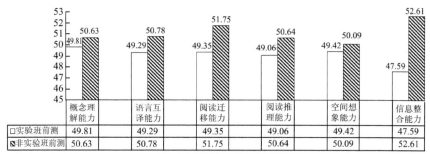

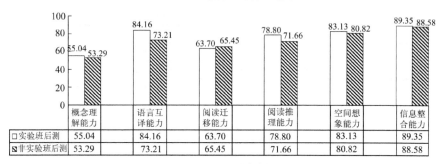

图 5-24

第三节 学生学习评价

学生学习评价,从"目标取向"走向"过程评价"和"主体评价",关注在课程实施的过程中学生的表现情况,以及学生在课程中的自主反思,聚焦学生数学阅读能力的提升和发展。

1. 评价的目的

学生学习评价的过程中,不仅要关注学生知识技能的掌握,还要关注学生对基本思想的把握、基本活动经验的积累;不仅要关注学生分析问题、解决问题的能力,还要关注学生发现问题、提出问题的能力。因此,小学数学"悦"读课程中的学生学习评价,需要全面考核和评价学生数学阅读能力水平的形成和发展,以提升学生的数学核心素养。

一是有助于学生更有信心地参与数学"悦"读活动。在学生学习活动评价中,我们创设丰富的阅读成果交流展示活动,通过自我评价和外部评价相结合的方式,让学生感受到数学"悦"读学习活动有意义、有趣味,让学生有成功的体验,更加亲近数学。

二是有助于教师发现和发展学生多方面的潜能。在数学"悦"读活动中，收集资料后的整理，需要语文学科的写作能力；录制"数学知多少"的语音、录制讲题视频等，需要信息技术学科的应用能力；以思维导图的形式梳理单元知识，需要美术学科的构图能力等。通过让学生以文字、语音、图片、视频等多种方式呈现阅读成果，促进了学生多方面学习能力的发展。

2. 评价的方式

学生学习评价，采用自我评价和外部评价相结合的方式。

自我评价，是学生在数学"悦"读活动的过程中，对自己完成的数学"悦"读成果进行自我诊断、自我调节和自我完善的过程。

外部评价，是同学、家长根据学生展示的数学"悦"读成果，对该学生的信息收集和处理的能力、理解与表征的能力、交流与表达的能力等做出判断的过程；是教师根据学生参加数学"悦"读活动一个阶段以来，对其数学阅读能力水平发展做出判断的过程。

3. 评价的标准

以素材搜集整理、阅读交流分享等作为评价的指标，制定数学活动课"数学全攻略"过程性评价表（表 5-10）。

表 5-10　"数学全攻略"过程性评价表

> 学生的学期成绩以等第制方式呈现，并且由过程性评价（80%）和总结性评价（20%）两部分构成。
> 1. 过程性评价（80 分）
> A. 能够搜集、分享"数学知多少"的内容。（16 分）
> 　好（16 分）　较好（12 分）　一般（8 分）　较差（4 分）
> B. 能够积极参加设计课时导学单活动。（16 分）
> 　好（16 分）　较好（12 分）　一般（8 分）　较差（4 分）
> C. 能够把一周数学学习之后的学习感悟、疑惑之处进行交流分享。（16 分）
> 　好（16 分）　较好（12 分）　一般（8 分）　较差（4 分）
> D. 能够编写或推荐"动手做数学""思维大挑战"实际问题。（16 分）
> 　好（16 分）　较好（12 分）　一般（8 分）　较差（4 分）
> E. 能够在微信订阅号一次阅读之后进行交流。（16 分）
> 　好（16 分）　较好（12 分）　一般（8 分）　较差（4 分）
> 2. 总结性评价（20 分）
> 在数学"悦"读"个人成长袋"交流与评比中，获得一等奖（20 分），获得二等奖（15 分），获得三等奖（10 分）。
> 评价等第说明：90 分以上为优秀；70～89 分为良好；60～69 分为合格；60 分以下需努力。

4. 评价的实施

一是每周 1 节校本课安排上数学活动课"数学全攻略"，在每节课最后一个学习活动，安排学生根据本节课上自己的表现和收获，进行上述评价表中的过程性评价。若评价等级为"合格""不合格"，需要老师提出改进意见，以便学生及时反思、调整。

二是采用数学"悦"读"个人成长袋"的方式，完整地记录每个学生一学期以来参加数学"悦"读活动的成果，如语音介绍"数学知多少"、"新课加油站"的问题、"动手做数学""思维大挑战"的思考过程及结果等；还有"悦读·推荐"（好书推荐）、"悦读·秀场"（数学日记、数学小论文等）。采用学生自评、同学互评、家长评价等方式，进行上述评价表中的总结性评价。

三是教师根据学生课堂学习、阅读交流、成果积累等，就参加数学"悦"读活动前后进行对比，对学生数学阅读能力水平进行评价，以雷达图的形式呈现评价结果。

下面是三位数学"悦"读小读者"个人成长袋"部分成果及教师评价。

【小读者心语】

（杜雨龙，加入时间一年）四年级的时候，我接触到了"数学悦读"公众号，改变了对数学学习的固有印象，原来数学学习不仅仅是完成一道一道习题、一张一张练习。通过每周参与"数学悦读"的分享，我知道了很多数学小故事，了解了生活中许多现象中都蕴含着数学知识。现在我变得更喜欢数学了，我会留意身边的现象，看看是不是和我了解的数学知识有关。不仅如此，我还会应用数学知识，来解决生活中的问题。

【悦读作品】

1. 数学小故事分享

猴年马月真的来了

很多人面对关于啥时候才能办好事情的问题，常用一句"等猴年马月吧"搪塞过去。那么，猴年马月是什么时候？持续多久呢？这还要从"干支纪时"说起，中国传统的纪年方法是用十二个地支与十个天干相配。后来人们又发明了十二生肖纪年法，在我国，十二生肖不仅用来纪年，而且还拿来纪月、纪日。每年农历正月到腊月对应的生肖依次是：虎、兔、龙、蛇、马、羊、猴、鸡、狗、猪、鼠、牛。每年都有一个马月，而且固定在农历五月。2016年是农历猴年，阳历的6月5日至7月3日，为农历五月，也就是"猴年马月"。天文学家表示，每过12年的"猴年"就会遇到一个"马月"，因此，"猴年马月"每过12年就

（音频二维码）

会轮回一次。下一个"猴年马月"将会出现在 2028 年。

2. 我的新课加油站

如图 5-25 所示，每个小方格的面积是 1 平方厘米，阴影部分三角形的面积是多少平方厘米？

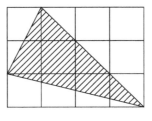

（视频二维码）

图 5-25

3. 我的思维导图

《多边形的面积》这个单元的内容有很多，我的想法是先根据平行四边形、三角形、梯形的内容进行整理，然后再将单元内容进行总结。在学这一单元的时候，我发现数学学习有一个很有趣的现象，就是把我们未知的图形转化成已知的图形，然后用已知图形的面积计算公式来推导出新的公式。我学会了一个数学上很重要的方法，就是"转化"。

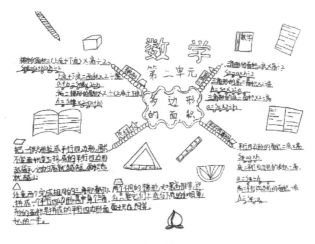

图 5-26

【老师留言】

这位同学的数学基础很不错，在学校是数学学习上的积极分子，但是在数学学习上缺乏一种"深耕"精神。我鼓励他参加"数学悦读"的分享群，希望他能阅读一些数学相关的小故事，开阔自己的眼界。于是，他的数学知识越来越丰富，由此，他开始担任小主播，录制音频，和其他同学分享他知道的数学知识。在一次又一次分享的过程中，明显能看出他对数学越来越感兴趣。

从数学阅读六个能力成分，对该学生加入数学"悦"读之前和加入一年后分别进行水平分析，结果如图 5-27 所示。

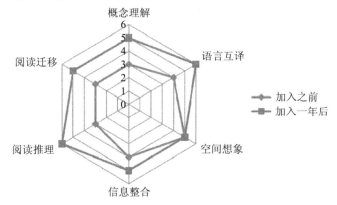

图 5-27

【小读者心语】

（姜奕辰，加入时间两年）知道我为什么喜欢数学吗？因为在数学的世界里我可以找到自己思考的动力。"数学悦读"中我最喜欢的栏目是"思维大挑战"，里面的问题有一些难度，需要仔细审题，认真思考，才能解决问题。有的问题有几种不同的解决方法，让我更加有思考的动力，每次想到好方法，成就感油然而生，我享受这种思考的过程和成功的喜悦！

【悦读作品】

1. 数学小故事分享

周角为什么是 360 度？

古埃及人从太阳每天东升西落的周期运动，每隔一年尼罗河河水定期泛滥的时间间隔，体会到"年"的含义。再加上古埃及发达的天文学，使他们能很好地跟踪测定天狼星的天空轨迹，所以他们把一年规定为 360 天（当然这样的误差很大，不过这是后话了）。基于此，一个最简单的周期"圆周"产生了，所对的角就此定义为 360 度，所以我们学的圆周角就是 360 度。

（音频二维码）

2. 我的动手做数学

用一副三角板，你可以画出多少种不同度数的角？（请你试着画一画，并标出度数，如图 5-28 所示）

(视频二维码)

图 5-28

3. 我的思维导图

这个单元我们认识了线段、射线和直线,还学习了关于角的知识。关于角的知识特别多,有认识角、画角、量角、角的分类等,如图 5-29 所示。

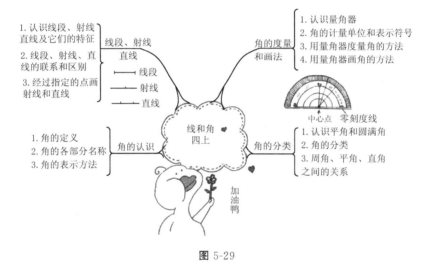

图 5-29

【老师留言】

这位同学是我们班的"数学小达人",不但课堂上积极思考,书本上的数学题目难不倒他,课余时间还特别喜欢研究各种数学问题,喜欢看各种类型的数学书籍。自从加入了"数学悦读"后,他就对研究数学问题更着迷了,不但自己研究,还带动了班级里其他孩子一起研究,不仅提高了大家学习数学的兴趣,还体会到了和同学合作的快乐。

从数学阅读六个能力成分,对该学生加入数学"悦"读之前和加入两年后进行水平分析结果如图 5-30 所示。

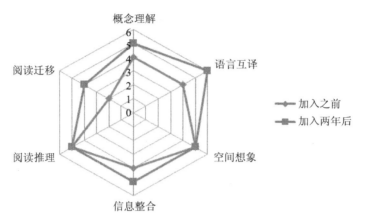

图 5-30

【小读者心语】

（田可欣，加入时间两年）数学曾经是一门让我头疼的科目，有些知识我总是不理解。通过数学"悦"读，我感受到数学原来这么有趣、好玩。我可以通过其他同学的视频了解到一道题的解法，通过和老师的线上互动解决一直困扰我的问题，通过录制数学小故事感受到数学的丰富。在一次次参与中，我的数学能力不断地得到了提高，曾经头疼的科目，如今成了我最喜欢的一门学科。

【悦读作品】

1. 数学小故事分享

夏日创业记

最近，后备箱集市成为了一种新鲜的创业模式，爸爸也被这种新型的商业方式深深吸引，决定进行尝试，我也成为了爸爸的"小军师"。

通过多次实践，我们找到了奶茶的最佳比例，茶、牛奶、糖浆的体积比为 13∶6∶1。一杯奶茶的容量大约为 500 毫升，将总量 500 毫升按比例分配，每杯奶茶的茶含量为 325 毫升，牛奶含量为 150 毫升，糖浆含量为 25 毫升。

（音频二维码）

2. 我的数学日记

生活中存在着很多的数学问题，在地瓜收获的季节，我研究了地瓜出粉率的问题（图 5-31）。

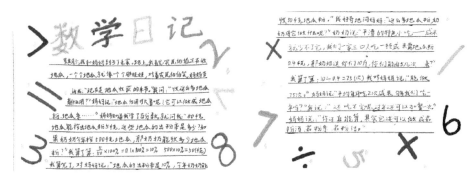

图 5-31

3. 我的思维导图

《长方体和正方体》这个单元知识很多,所以要借助思维导图(图 5-32)来形成一个清晰的知识脉络,从而帮助我们掌握长方体和正方体的相关知识。

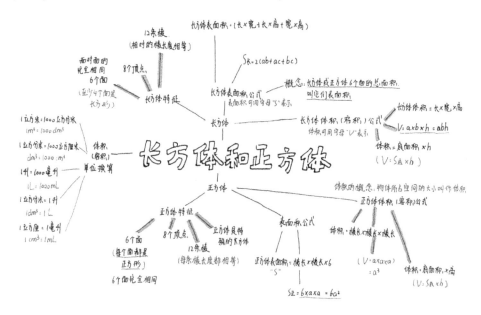

图 5-32

【老师留言】

这位同学是非常想学好数学的,但是一直没有找到很好的办法。自从加入了数学"悦"读,她从不同的版块锻炼了自身的能力,对于学好数学的信心一下子就提高了。她跟我说一直记得第一次在"数学知多少"中分享故事,反反复复练习了很多次,那一刻是抑制不住的高兴,这是之前她在数学中没有感受过的。之后，她还多次参与了其他版块，完成得都非常出色。

从数学阅读六个能力成分，对该学生加入数学"悦"读之前和加入两年后进行水平分析，结果如图 5-33 所示。

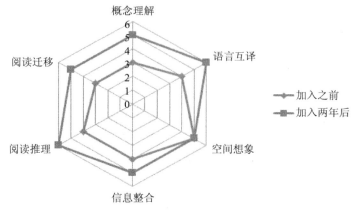

图 5-33

我们期望：

以数学"悦"读为支点，撬动数学课堂的持续性生长，撬动学生数学核心素养的跨越式发展，撬动教师专业发展的拔节式成长。我们将在数学"悦"读课程开发与实践的路上，不忘初心，砥砺前行！

附录　小学数学"悦"读课程主要活动回顾

1. 创意课程展示

（原文发布于 2018 年 4 月 14 日"数学悦读"微信订阅号，有改动）

我们的数学"悦"读开始于 2016 年 9 月，现在由昆山市小学数学名师工作室的 13 位老师参与编写，涵盖三至六年级，已经发布了 150 期，参与的学生来自 20 多所学校，总用户数有近 5000 个。

（1）积极策划，团队合作。

接到参加苏州市小学数学创意课程展的通知后，数学"悦"读编写团队开始了策划与筹备。我们开始梳理已有的一些研究成果，主要有：一是微信订阅号"数学悦读"的内容采集、制作和发布，整个流程已基本形成；二是每周一期微信订阅号"数学悦读"上发布的内容，汇集成了三年级和六年级各 2 册数学"悦"读学生手册；三是数学"悦"读活动开展一年多，吸引了越来越多小读者的参与，还有家长朋友们的认可。

那么以怎样的形式呈现呢？经过商量，我们打算以文字、图片和视频的形式来展示。宣传片视频的录制，最具挑战性。在王娟老师完成文字稿的创编之后，大家分工合作，一组老师负责学生在校园内参与数学"悦"读活动的展示，一组老师负责学生在校园外参与数学"悦"读活动的展示，还有一组老师负责小读者和家长的访谈工作。在学校新媒体工作室朱增新老师的全力帮助下，前期录制、后期剪辑和配音等工作顺利完成了，属于数学"悦"读的小小宣传片诞生了。

（2）精心布置，准备就绪。

4 月 12 日，我们的展台早早地布置好了，有海报（2 张）、书稿（4 本）、宣传片（10 分钟）及三折页的小册子（200 份）。

附图-1

(3) 专家指导，给予肯定。

我们的展示得到了苏州市小学数学教研员刘晓萍老师、《小学数学教师》编辑部副主编陈洪杰老师、昆山市小学数学教研员徐伟老师及苏州各地区教研员老师的肯定。

专家老师们认为：数学"悦"读研究活动，一是能提高学生收集和处理信息的能力，培养他们乐于分享的品质。学生通过阅读数学课本、课外读物、上网搜集资料等收集到的大量数学信息，需要筛选和整理，成为"数学知多少"的内容，并通过多种途径（课堂、QQ群、微信平台）和小伙伴进行交流分享。二是能提高数学逻辑思维能力，培养学生勇于探究的精神。学生通过数学课堂学习发现新的问题、提出自己的疑惑之处，经老师筛选后成为"新课加油站"的内容。学生自编或推荐有探究价值的数学问题，需要在数学信息和数学问题之间建立起内在联系，同时要有条有理地表述出来，成为"动手做数学"和"思维大挑战"的内容。三是能提高学生的数学交流与表达能力，培养他们敢于质疑的精神。学生通过阅读微信订阅号发布的"数学悦读"，将阅读感受、问题解决办法等，通过多种方式（文字、符号、语音、视频等）表征出来，和同学进行广泛交流，发现问题、讨论交流、逐步完善。

(4) 同行交流，互相学习。

在这次展示活动中，我们还和很多与会的老师交流了小学数学创意课程的实践经验，互相学习，得到了很大的启发。

2. 专题活动交流

(原文发布于2018年11月25日"数学悦读"微信订阅号，有改动)

2018年11月22日，苏州市核心素养背景下的小学数学"优化教学策略 提升关键能力"暨苏教版小学数学教材基地学校联盟活动、2018年国培计划甘肃省特岗教师访名校活动，在昆山市实验小学（西校区）举行。我们团队分享了数学"悦"读课程的开发与实践的初步成果，来自苏州、甘肃等地的 300 多位老师参加了活动。

本次活动，有四位老师分别上了展示课：苏州市姑苏区平江实验小学周健老师讲授"解决问题的策略——列表"，昆山市实验小学杨春雷老师讲授"两位数加两位数（口算）"，昆山市城北小学钱四芳老师讲授"认识厘米"，昆山市实验小学周琳老师讲授"平移和旋转"。课中老师们围绕"数学悦读"的不同板块，着力提升学生的数学关键能力，得到了与会老师的一致好评。

昆山市教育局教研室顾建芳副主任作了《随学而导 逼近本质》专题评课。他指出，学生的学习活动，要随着学生的疑惑逐步展开，随着学生的发现逐步展开，随着学生的想法逐步展开，随着学生的探究逐步展开，进而去探究发现数学知识的本质。

附图-2

昆山市实验小学王娟老师，作了"数学悦读助推数学关键能力的培养"专题分享，分别就数学"悦"读课程的简要介绍、课程的内容选择、课程的组织实施、研究再思考这四个方面和大家进行了交流。她认为：数学"悦"读课程内容的选择，一是单元主体性材料阅读，助推信息收集和处理能力的培养；二是课时导学性材料阅读，助推数学建模能力的培养；三是课后拓展性材料阅读，助推问题解决能力的培养。数学"悦"读课程的组织实施，一是分享推荐素材，助推数学理解与表征能力的培养；二是第一次阅读，助推数学逻辑思维能力的培养；三是第二次阅读，助推数学交流与表达能力的培养。从数学"悦"读课程内容的选择、课程的组织实施两个层面，能有效助推数学关键能力的培养。无论是数学课堂教学，还是数学"悦"读课程，培养学生的数学关键能力，都不是孤立存在的，这是一个有机统一的整体。

苏州市教科院刘晓萍老师对活动进行了总结，肯定了我们的数学"悦"读课程所进行的积极尝试和经验积累，指出数学"悦"读是让学生快乐阅读、快乐分享，数学"悦"读旨在引导学生从学会走向会学，数学"悦"读中培养的学生数学关键能力为学生的终身学习奠基。

3. 品质课程分享

（原文发布于 2019 年 1 月 28 日"昆山教育发布"微信订阅号，有改动）

数学"悦"读课程的开发与实践研究，开始于 2016 年 9 月，由 13 位昆山市小学数学名师工作室的成员参与研究，面向三至六年级学生。目前，微信订阅号"数学悦读"已经发布 320 期，参与的学生来自 50 多所学校，总用户数 9787 个。

附图-3

数学"悦"读课程，以现行苏教版小学数学教材为基础，在国家课程校本化过程中，努力开发适合我市小学生的数学拓展课程。课程的开发努力体现综研理念，课程资源积累的过程也是学生快乐参与、自主探究的过程。数学"悦"读课程，作为昆山市教育局教研室重点培植的品质课程，在促进教师专业成长的同时，着力培养学生的数学核心素养。

（1）课程三部曲。

数学"悦"读是贯穿数学学习全过程的快乐阅读学习活动。课前，学生阅读生成性材料，感悟数学学习价值；课上，学生阅读重要性材料，提升数学关键能力；课后，学生阅读拓展性材料，培养创新实践精神。

① 课前做"悦"读先行者。

"得法于课内，得益于课外"，师生共读优秀的数学读物，组织读书交流会，学生收集整理"数学知多少"的素材。新课预习时，师生一起设计"导学单"，学生通过查找资料、阅读课本，尝试提出问题、解决问题，带着问题和思考进入课堂学习。

② 课上做"悦"读感悟者。

课堂上，老师加强数学学习方法的指导，让学生有足够的时间和空间经历观察、实验、猜测、计算、推理和验证等学习活动，夯实数学的"四基"。学生将课堂学习的感悟、疑惑整理成"新课加油站"的素材；学生推荐或编写好的题目，作为"动手做数学""思维大挑战"的选题。

③ 课后做"悦"读挑战者。

我们的微信订阅号"数学悦读"，三至六年级每周发布一期，让学生从课本走向课外，不受时间和空间的束缚，听语音、看视频、动手做、练思维，和更多同龄的小伙伴交流学习。内容分为四个板块：

一是"数学知多少"：这个板块采用语音的形式，通过招募，由学生担任小主播，让学生了解数学历史、知晓数学趣闻、走近数学名家等。二是"新课加油站"：这个板块采用微视频的形式，进行一周课本学习的重点知识梳理、错例分析与解答，还有两个实际问题作为"我的加油站"。三是"动手做数学"：让学生动手又动脑，在不断尝试的过程中，体验、理解、思考与探索，发现隐藏的规律，解开数学的奥秘。四是"思维大挑战"：从课堂向课外延伸，设置两道思考题，让学生"跳一跳，摘到果实"。另外，寒暑假我们分年级每周推出一期思维训练专题，每一期设置3题"智慧加油站"和5题"思维大挑战"。

每一期的"数学悦读"发布以后，小读者们都会通过各个年级的QQ群交流自己的阅读感受，分享自己的解答过程；编写老师会从中选出不同思路的解答过程，作为二次阅读的材料，与下一期新内容一起发布。

（2）课程的发展。

2016年11月，微信订阅号发布六年级第1期。2017年9月，三年级、六年级课程开发。2017年11月，三、四、五、六年级全面推开。2018年4月，数学"悦"读参加苏州市创意课程展示。2018年11月，数学"悦"读课程在苏州市核心素养背景下的小学数学"优化教学策略　提升关键能力"暨苏教版小学数学教材基地学校联盟活动中展示。

（3）欢迎一起"悦"读。

贯穿于课前、课上和课后全过程的数学"悦"读课程，能拓宽学生的数学视野，激发学生的学习兴趣，有助于学生形成知识体系，提高学生的思维能力，全面提升学生的数学素养。欢迎大朋友和小朋友们一起加入我们的数学"悦"读，快乐参与、自主探究、思维飞扬！

4. 智慧读者评选

（原文发布于2019年3月4日"数学悦读"微信订阅号，有改动）

2019年寒假阴冷多雨，"数学悦读"微信订阅号和各年级QQ群却是热热闹闹、如沐暖阳。原来，小主播（二次阅读答案入选、"数学知多少"内容推荐等）活动，吸引了很多小读者的积极参与。

在课题组老师的努力下，在各位家长朋友的支持下，"智慧小读者"的首次评比活动顺利结束！

附图-4

这些小读者中，有你认识的小伙伴吗？（获奖名单略）他们参加数学"悦"读又有什么感言呢？让我们先睹为快！

昆山市实验小学唐子文同学：我最喜欢阅读有意思的数学问题，碰到难题，就像遇到了一个个"大魔王"，然后我用"数学战术"击败它们，答对了就非常有成就感。

西塘实验小学黄雯钥同学：以前我一直和数学难题较劲，我感受到学好数学需要有毅力、有恒心。自从加入了数学"悦"读活动，我感受到数学很好玩。

玉峰实验学校许琳同学：每一期"数学悦读"的内容都在课内知识的基础上有所延伸和拓展，不仅巩固了每周所学，还锻炼了我的思维，让我受益匪浅。

振华实验小学杨应洛同学：回想起往期的"数学悦读"，我有轻松愉快一次就能解答出问题的酣畅淋漓，也有静下心来反复思考却没能顺利解答的艰难。我期盼每一期的"数学悦读"，愿意在美妙的数学王国里快乐徜徉！

还有同学家长的留言呢！

箓溪小学许思涵妈妈："知之者不如好之者，好之者不如乐之者"。孩子说，数学"悦"读活动让学数学成为了她的一种兴趣。

从同学和家长的感言中，我们感受到了小读者们参与数学"悦"读活动的积极性非常高，有快乐的阅读、勇敢的挑战、美好的期待，这些都是成功的体验。希望我们的数学"悦"读活动越办越好，小读者们越来越亲近数学、喜欢数学。

5. 课题开题活动

（原文发布于 2020 年 6 月 20 日"数学悦读"微信订阅号，有改动）

为全面推进江苏省中小学教学研究立项课题研究工作，加强课题实施过程管理，提高课题研究的实效性，2020年6月17日，江苏省中小学教学研究第十三期立项课题开题论证活动在昆山市实验小学举行，课题专家、昆山市相关小学的教科主任及骨干教师参加了这次活动。

附图-5

　　(1) 课题探索，教学展示。

　　来自昆山市实验小学、玉峰实验学校等学校的几位老师进行了精彩的课堂展示。昆山市实验小学王娟老师讲授的"《因数与倍数》单元复习"，借助思维导图，将碎片化的知识系统化，理清了知识之间的联系。昆山市实验小学吴进老师讲授的"解决问题的策略——假设"，带领学生提出问题、分析问题、解决问题，学生充分经历了知识的生长过程。玉峰实验学校于玲老师讲授的"正比例和反比例复习"，重视知识间的对比，让学生在对比中发现正、反比例的相同点及不同点，学生学得轻松，学得扎实。玉峰实验学校李秦老师讲授的"多边形的内角和"，充分体现了学生学习的自主性：让学生自主发现规律，自主寻找方法，自主探索思路，自主解决问题。

　　(2) 开题论证，反思提升。

　　课题专家和课题组骨干成员一起就两项"十三五"省级教学研究立项课题进行开题研讨。课题组主持人王娟老师就"学科核心素养观下小学数学悦读课程的开发与实践研究"课题作开题报告。本课题中的"数学悦读"，是指学生围绕一个单元主题，以教材、数学课外读物、课题组创办的微信订阅号"数学悦读"等为基本内容，学生自发地、自信地、自主地设计提出问题，查找搜集资料并进行数学材料的阅读，通过新媒体不受时间和空间限制进行广泛交流、纠正完善、解决问题，贯穿数学学习全过程，从课堂走向课外，培养学生的数学关键能力、必备品格和正确的价值观。课题组主持人顾英杰老师就"基于深度学习的小学数学模型思想的实践研究"课题作开题报告。

课题专家苏州市教科院孙朝仁老师、苏州市教师发展中心刘晓萍老师、昆山市教师发展中心张敏华老师、昆山市教师发展中心顾建芳老师等,就这两个课题进行了广泛而深入的讨论、辨析,一致认为,两个课题的时代意义较强,研究价值较高。通过课题的研究,对提升学生核心素养、促进教师专业成长方面都具有重要的现实意义。与此同时,他们对课题的有效实施和开展也提出了许多宝贵的建议。

6. 成果初步推广

(原文发布于 2020 年 10 月 26 日"数学悦读"微信订阅号,有改动)

(1)数学"悦"读贵州铜仁分享活动。

10 月 14 日至 18 日,课题组主持人王娟老师参加了昆山市实验小学、铜仁市第二小学"昆碧情深·爱满教育"交流研讨活动,将数学"悦"读课题研究的阶段性成果带到贵州铜仁,和老师们、同学们交流分享。

王娟老师讲授了"百分数的意义"一课。单元学习单的编写,从老师指导学生设计,到学生自主设计、问题遴选到整合完成。课时导学单,是在新课学习之前完成的,学生能够有比较充足的时间,选择自己感兴趣的问题,通过多种途径阅读,去思考和探究。学生在自主探究之后,能尝试着表达出自己的思考过程,可以是文字、图片、语音、视频等,将思维可视化变得更加清晰;课上,学生小组交流、集体交流、表达、纠正和完善自己的研究成果,这一过程培养了学生数学表达和交流的能力。

王娟老师的讲座"数学悦读,带你走进数学乐园",介绍了数学"悦"读课题的初步成果,并和孩子们分享了一期"数学悦读"微信订阅号,大家一起听语音、看视频、动手做、来挑战,给孩子们带去了愉悦而丰富的学习体验。

附图-6

(2) 数学"悦"读新昆小学分享活动。

10月22日，昆山市小学数学乡村骨干教师培育站活动在民办学校新昆小学举行。王娟老师进行了"从'会学'走向'乐学' 提升学生的自主学习力"的专题分享。新课程改革以来，教师从"教会"学生到指导学生"学会"，进而探索指导学生"会学"，实现了教学观念的重要转变。从"教会"到"学会"，是以教师为主体向以学生为主体的转变；从"学会"到"会学"，是从双基到四基（基础知识、基本技能、基本思想方法和基本活动经验）的转变。而乐学，就是在会学的基础上，学生能调动并形成强烈的学习动机，借助学习兴趣保有学习的持续性，自发、自觉、自主地通过阅读、听讲、研究、观察、实践等手段，得到持续变化（知识与技能、方法与过程、情感与价值的改善和升华）的行为方式。她以数学"悦"读课题研究丰富的素材和学习活动为例，深入阐述了提升学生自主学习力的理论依据和实施路径，得到了与会老师的肯定。

萧伯纳说："你有一个苹果，我有一个苹果，我们交换一下，一人还是只有一个苹果；你有一种思想，我有一种思想，我们交换一下，一人就有两种思想。"我们的课题研究将继续扎实推进，期待有机会和老师、同学们进行更多的分享与交流！

7. 课题中期鉴定

（原文发布于2021年4月22日"数学悦读"微信订阅号，有改动）

4月14日下午，江苏省中小学教学研究第十三期立项课题"学科核心素养观下小学数学悦读课程的开发与实践研究"中期成果汇报活动顺利举行！

(1) 课堂教学研讨。

昆山市实验小学王强老师讲授"和的奇偶性"，用导学单实现了"问题前置"和"学习前置"，使学生在课前对所学内容有了初步的自主研究。课堂上，从简单到复杂，由两个加数到多个加数，王老师引导学生有理有据地表达，由浅入深地思考，逐步掌握和的奇偶性的奥秘。整节课充分体现了数学"悦"读课程所强调的愉悦性、具身性与全程性，发展了学生的自主学习力。

昆山市经济技术开发区国际学校刘艳梅老师讲授"圆的面积"，采用了学生课前探究、课上讨论交流的方式。通过课前布置的两个探索活动，学生充分探究并记录。刘老师利用收集到的有效数据，充分让学生汇报自己的研究成果，锻炼了学生的表达交流能力。课上介绍了"割圆术"，拓展了学生的视角；还出示了同学们把圆剪拼成的梯形与三角形，引导学生课后继续探索。

(2) 中期成果汇报。

昆山市实验小学王娟老师代表课题组作课题中期报告，她从课题介绍、概念界定、研究目标、内容及重点、进展情况、初步成果、不足及展望七个方面进行了汇报。

课题的初步成果主要有：一是明晰了小学数学"悦"读课程的内涵、特征及价值。二是明确了小学数学"悦"读课程的目标。"卷入式"的数学"悦"读，贯穿数学学习全过程，从课堂走向课外，切实改变学生的学习方式，培养学生的数学关键能力、必备品格和正确的价值观。三是编写了小学数学"悦"读课程的内容。经过近五年的实践探索、反思调整，数学"悦"读课程的内容基本形成，结集成 8 本数学悦读小册子。四是探索了小学数学"悦"读课程实施的途径和策略。采用"两条腿走路"的方式，以国家课程的校本化实施为主，校本课程的特色化实施为辅。五是尝试了小学数学"悦"读课程的评价研究。

附图-7

(3) 专家成果鉴定。

苏州市教育科学研究院课题信息管理中心徐蕾主任和教育发展研究所孙朝仁所长两位专家，通过认真观看现场展示、观察课题研讨课、听取课题中期研究报告、查阅成果资料、现场咨询等方式，对课程实施进行全面评估，提出了鉴定意见：一是课题的选题和立项具有一定的现实意义和实践价值；二是研究过程扎实有序，体现了课题研究的实效性；三是课题研究成果多样化，具有一定的指导意义。同时，两位专家对课题后续的研究和成果的积累等，提出了指导性意见。

8. 联盟学校成立

（原文发布于 2021 年 9 月 16 日"数学悦读"微信订阅号，有改动）

为进一步深化小学数学课堂教学改革，全面推进江苏省中小学教学研究第十三期立项课题的研究工作，交流、推广课题研究的初步成果，提高课题研究的实效性,共同提升教师学术素养。9月14日,在昆山市实验小学(西校区)举办"学科核心素养观下小学数学悦读课程的开发与实践研究"课题现场推进会。

(1)"悦读·生长"课堂研讨课。

周凌宇老师讲授"商不变的规律",课堂中周老师通过导学单创设购物情景,在激发学生的学习兴趣的同时引出单价模型,学生在具体情境中发现了什么在变,什么不变。在学生交流,得到商不变的规律猜想之后,引导学生举例论证、完善归纳、得到结论并应用结论。有序、严谨,让学生的思维走向深入。

陈婧老师讲授"分数乘整数",陈老师充分利用学生已有的知识经验,把整数乘法的意义推广到分数中来,即分数和整数相乘的意义与整数乘法的意义相同,都是求几个相同加数和的简便运算。在算法的研究中,借助导学单,在鼓励算法多样化的同时,也重视方法的优化。整个过程张弛有度,学生在有序的思考中理解算理、掌握算法,发展了数学运算能力。

(2)数学"悦"读课题联盟校成立。

课题主持人顾建芳主任宣读数学"悦"读课题联盟校名单,并颁发证书。

附图-8

课题主持人王娟老师围绕数学"悦"读的概况和初步成果展开介绍,让在座的联盟校、实验班老师了解数学"悦"读课题开展情况,为实验班的实施做好了充分的动员工作。

课题主持人顾建芳主任在动员时强调:课题的研究是一个重要的平台,参与课题的研究可以有效促进教师的思考和成长,在打磨、学习的过程中提升教师能力。在"悦读·生长"的课堂中,要打开研究的思路,让学生在有限的时间内获得更多的收获!

（3）数学"悦"读实验班分组会议。

随后，数学"悦"读实验班开展分组会议，王娟老师、林晓峰老师围绕准备工作、过程性工作和期末工作分组布置"悦读·生长"课堂的具体实施意见。一是每一位参与研究的老师，将执教的两个班分别设为实验班和非实验班；二是用课题组根据数学阅读水平命题的试卷，做好前测和数据分析工作；三是商量确定每周一节课例研究内容。

"一个人可以走得很快，一群人却能走得更远"。凝聚团队力量，教师专业成长的步伐一定会迈得更坚实，课题的成果一定更加丰硕！

9."悦读·生长"课堂

（原文发布于 2022 年 9 月 30 日"数学悦读"微信订阅号，有改动）

秋风送爽，丹桂飘香。为进一步深化小学数学课堂教学改革，提高课题研究的实效性，共同提升教师学术素养，9 月 29 日，在昆山高新区西塘实验小学举办了江苏省中小学教学研究第十三期立项课题"悦读·生长"课堂研讨活动。

（1）课堂展示。

"不含括号的三步混合运算"一课，世茂小学彭丽潭老师借助学生课前编写的较复杂实际问题，引出综合算式的计算。课堂中，逐步让学生体会学习混合运算是解决问题的需要，体会运算顺序规定的合理性。课尾，组织学生对后续学习的内容以"继续想下去"的方式进行猜测、联想、推理，培养他们用结构化思维来搭建知识体系的能力，进一步提升了学生的数学核心素养。

附图-9

附图-10

"制订旅游计划"一课，西塘实验小学蒋冰霞老师以一场说走就走的旅行中遇到的问题，引发产生制订旅游计划的需要。课前，学生查阅资料、自主设计；课堂中，围绕方案中遇到的一个个新问题，蒋老师鼓励学生合作讨论、调整优化旅游计划。课尾，引导学生发现组团游中的新问题，延续这节课的思考。整节课，学生经历了发现、提出、分析和解决问题的过程，积累了社会化的活动经验。

"购物中的巧算"一课，蓁溪小学周梦老师借助和购物有关的数学日记，引导学生用数学的眼光观察生活，发现、提出数学问题，在对购物问题两道算式的交流、描述中，得出初步的猜想并验证，逐步总结归纳出减法的性质，并借助直条图将抽象的减法的性质表示出来，数形结合，使学生对

附图-11

减法的性质有更好的理解。周老师在课前、课中、课后都充分引领学生观察、描述、思考生活中的数学问题，锻炼了学生自主学习数学的能力。

"《长方体和正方体》单元复习"一课，晨曦小学胡芳怡老师课前鼓励学生对单元内容进行框架整理、自主出题。课中让学生以小组的形式对自己整理的知识框架进行讨论，逐步形成完整的单元"思维脉络"。通过对题目的重组，将无序的题目进行了分类整理，变成了层次分明并覆盖了本单元的大部分知识点的问题串，在学生

附图-12

自主学习整理的过程中完成了本单元的复习。

此次展示的四节"悦读·生长"研讨课，包括了国家课程校本化实施的新授课"不含括号的三步混合运算"、复习课"《长方体和正方体》单元复习"，还有校本课程特色化实施的活动课"制订旅游计划"、阅读课"购物中的巧算"。通过课例的形式，展示了数学"悦"读课程落实到教学课堂的新样态，"悦读·生长"课堂的基本范式初步形成。

（2）专题讲座。

活动邀请正高级教师、江苏省特级教师、张家港市中兴小学张平校长作专题讲座"HPM视域下小学数学阅读"，张校长强调数学史对数学教育的意义深远，教师要了解数学史，从源头开始思考，了解数学知识的产生和发展过程，并结合教学案例，给出了很多教学建议。

活动最后，课题主持人顾建芳主任鼓励老师们阅读数学史的有关书籍，从而更好地引导学生经历知识的产生和发展的过程。与此同时，通过学生自主阅读、教师多样呈现等方式，让学生一起参与数学史的探究过程。只有教科研不止步，教育方能阔步前行！相信课题研究在专家们的引

领与帮助下，在课题组成员们同心协力、扎实推进下，一定能够不断创新，取得更加丰硕的成果！

10. 课题结题活动

（原文发布于 2022 年 12 月 24 日"数学悦读"微信订阅号，有改动）

2022 年 12 月 19 日下午，江苏省中小学教学研究第十三期立项课题"学科核心素养观下小学数学悦读课程的开发与实践研究"，在昆山市实验小学西校区（线上）顺利举行了结题成果鉴定活动。活动由昆山市教师发展中心陈蕾老师主持，苏州市教科研专家、部分教科主任和课题组成员共 40 多人参加了此次活动。

附图-13

（1）课堂展示。

陆逸茹老师讲授"《平面图形的面积》复习"。课前，陆老师通过导学单，引导学生对"图形王国"的内容进行梳理；学生原创、改编或推荐一组实际问题。课上，陆老师引导学生交流思维导图，使知识结构化；将学生出的题目进行筛选和重组，组织学生进行"摘星大比拼"。整节课，学生将自己的阅读成果充分交流和分享，思维在碰撞中激荡和提升！

周凌宇老师讲授"购物中的巧算"。课前，周老师通过导学单，引导学生初读一则数学日记；学生将自己或家人购物中的巧算，编成实际问题。课上，师生一起品读数学日记，通过观察、猜测、验证和总结，理解减法的性质；通过编写的实际问题，启发学生一起来巧算。整节课，学生边读边做、边做边想、边想边说，数学阅读方法慢慢渗透、数学阅读能力渐渐提高。

（2）课题汇报。

数学"悦"读课程的开发与实践，不知不觉已经将近十个年头，从日常工作中悄然萌芽、在尝试坚持中落地生根、在活动助推中开枝散叶、在课题研究中蓬勃生长。王娟老师重点汇报了课题立项之后，研究工作开展情况及取得的实践性成果。

王娟老师代表课题组从七个方面做结题报告，重点汇报了课题的研究成果：聚焦学科育人价值，确立了指向素养的课程目标；基于学科素养元素，开发了衍生拓展的课程内容；落实素养发展方式，推进了扎实有效的课程实施；诊断素养发展现状，跟进了互动反馈的课程评价。

（3）专家指导和成果鉴定。

活动邀请了苏州市教育科学研究院刘晓萍老师、苏州市工业园区教师发展中心朱红伟副主任两位专家来进行课题研究指导和成果鉴定，他们一致认为：课题选题视角新，研究价值高；组织管理工作到位，研究过程实；活动丰富扎实，研究成果丰。同时，对课题研究成果的推广等工作提出了建议。

我们期待：

数学"悦"读有一个机会，

让学生以"悦"读的方式学习数学；

数学"悦"读有一种可能，

通过"悦"读记录来丰盈童年生活；

附图-14

数学"悦"读有一份成长，

让教师更全面理解儿童与数学……

主要参考文献

[1] 中华人民共和国教育部.义务教育数学课程标准［M］.北京：北京师范大学出版社，2022.

[2] 泰勒.课程与教学的基本原理［M］.北京：中国轻工业出版社，2014.

[3] 约翰·D.布兰思福特等.人是如何学习的 大脑、心理、经验及学校 扩展版［M］.上海：华东师范大学出版社，2013.

[4] 陆璟.PISA测评的理论和实践［M］.上海：华东师范大学出版社，2013.

[5] 张华.课程与教学论［M］.上海：上海教育出版社，2000.

[6] 蒋德仁.国际学生评价（PISA）概说［M］.杭州：浙江教育出版社，2012.

[7] 李兴贵,幸世强.中小学数学阅读教学概论［M］.成都：四川大学出版社，2013.

[8] 冯刚.小学"做数学"课程的建构与实施［J］.教育实践与研究，2021（11）：8-14.

[9] 汤卫红.数学阅读：基于核心素养的整合课程［J］.小学数学教师，2016（02）：31-35.

[10] 杨红萍,杨捷.小学生数学阅读能力结构的因素分析［J］.数学教育学报，2019，28（05）：14-18.

[11] 杜晓丽.探究小学生数学阅读能力的层次构成及培养［J］.课程教育研究，2015（35）：140.

[12] 曹一鸣,王振平.基于学生数学关键能力发展的教学改进研究［J］.教育科学研究，2018（03）：61-65.

[13] 李雪.高中数学阅读材料使用现状的调查研究［D］.长春：东北师范大学，2008.

[14] 阎萍.农村初中生有效数学阅读的调查与研究［D］.西安：陕西师范大学，2012.

[15] 陈付亮.初中语文"悦"读教学的实践研究［D］.济南：山东师范大学，2017.

后 记

  暑去秋来，开学在即。从今年寒假开始，写写停停、看看想想，历时近八个月的时间，数学"悦"读课程的书稿终于基本完成了。这本书主要是我 2010 年以后在数学"悦"读领域的一些思考、一些实践和一些收获。

  回看这十多年走过的深深浅浅的脚印，幸运、辛苦又幸福！

  有万事开头难的困惑：学生数学学习中出现了诸如学习兴趣不浓、学习动力不足和学习能力不强等问题，想着结合新媒体，怎样让更多不同的孩子获得更好的数学发展？幸而从书籍中汲取智慧，找到解决问题的方法；从杭州的培训中获得灵感，找到进行实践的途径。

  有日复一日坚持的艰难：每一期"数学悦读"，从学生资料的挑选与整理、一字一句的文稿创编、秀米的图文制作到微信订阅号的正式发布，都需要在每一周的日常工作之外挤出 10 多个小时来完成。幸而有一群对数学教育有着共同追求的小伙伴，自发地走到一起来。朱礼斌和邱思宇，在微信订阅号创办后的第二个学期率先加入进来；一年以后，吴进、申宵鹏、周凌宇、潘娇、林晓峰、顾静霞、魏正亚、凌志芬、秦素琴、郎颖芸、顾英杰老师同时加入团队；后来还有苏心怡、王强、陈军等老师加入。我们集思广益、群策群力，慢慢克服困难，渐渐走得更远。

  有突破瓶颈的豁然开朗：在三至六年级数学"悦"读学生读本逐步完成之后，怎样在有着重复性的微信发布中更新迭代？怎样将学生的数学"悦"读与课堂教学相融合，形成新的教学范式？怎样高层站位、整体思考，申报课题并进行研究？幸而有顾建芳、张敏华等特级教师，荣建强、孙希等学校领导，从数学教学、课题研究等不同的角度，悉心指导，倾力相助。

  有收获成果的快乐分享：随着数学"悦"读研究的推进，江苏省教学研究第十三期课题"学科核心素养观下小学数学'悦'读课程的开发与实践研究"顺利结题，"悦读·生长"数学"悦"读新授课、复习课、阅读课和活动课教学新范式形成，教师成果和学生作品结集而成。我们将研究成果分享给 8 所数学"悦"读联盟学校的老师和学生，让昆山市实验小学、昆山高新区西塘实验小学、昆山市玉山镇振华实验小学、昆山开发区晨曦小学、昆山经济技术开发区世茂小学、昆山市陆家镇菉溪小学、昆山市石浦中心小学校和昆山经济技术开发区国际学校（现更名为昆山礼仁外国语学校）等小读者有了一起阅读、一起研究和一起交流的平台。更多地，我们通过教学观摩和讲座交流等形式，将课题的研究成果分享到昆山、苏州地区的学校，分享到贵州铜仁市的学校，分享到新疆阿图什的学校，等等。

有了这么多小伙伴的齐心协力，有了各位专家领导的指导帮助，数学"悦"读的研究慢慢成长起来，我就想着以这样一本薄薄的书记录下来。这本书在审稿及修改过程中得到了出版社编辑老师的悉心指导和热心帮助，得以褪去"稚嫩"，渐渐成形。这本书虽几经修改，仍有许多不足之处，恳请读者朋友们多多指正。大家的意见和建议，将给我们接下来数学"悦"读的研究带来新的思考。

今年新学期开学，是我中师毕业工作的第 28 个年头，谨以此书作为我追寻数学教育理想的一个驿站。

王 娟

2023 年 8 月 23 日